U0058871

逭觀傑作

教的十大著名宮觀

崧燁文化

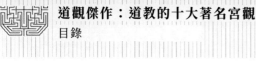

目錄

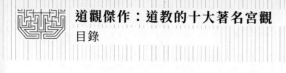

序言

文化是民族的血脈，是人民的精神家園。

文化是立國之根，最終體現在文化的發展繁榮。博大精深的中華優秀傳統文化是我們在世界文化激盪中站穩腳跟的根基。中華文化源遠流長，積澱著中華民族最深層的精神追求，代表著中華民族獨特的精神標識，為中華民族生生不息、發展壯大提供了豐厚滋養。我們要認識中華文化的獨特創造、價值理念、鮮明特色，增強文化自信和價值自信。

面對世界各國形形色色的文化現象，面對各種眼花繚亂的現代傳媒，要堅持文化自信，古為今用、洋為中用、推陳出新，有鑑別地加以對待，有揚棄地予以繼承，傳承和昇華中華優秀傳統文化，增強國家文化軟實力。

浩浩歷史長河，熊熊文明薪火，中華文化源遠流長，滾滾黃河、滔滔長江，是最直接源頭，這兩大文化浪濤經過千百年沖刷洗禮和不斷交流、融合以及沉澱，最終形成了求同存異、兼收並蓄的輝煌燦爛的中華文明，也是世界上唯一綿延不絕而從沒中斷的古老文化，並始終充滿了生機與活力。

中華文化曾是東方文化搖籃，也是推動世界文明不斷前行的動力之一。早在五百年前，中華文化的四大發明催生了歐洲文藝復興運動和地理大發現。中國四大發明先後傳到西方，對於促進西方工業社會發展和形成，曾造成了重要作用。

中華文化的力量，已經深深熔鑄到我們的生命力、創造力和凝聚力中，是我們民族的基因。中華民族的精神，也已深深植根於綿延數千年的優秀文化傳統之中，是我們的精神家園。

總之，中華文化博大精深，是中華各族人民五千年來創造、傳承下來的物質文明和精神文明的總和，其內容包羅萬象，浩若星漢，具有很強文化縱深，蘊含豐富寶藏。我們要實現中華文化偉大復興，首先要站在傳統文化前沿，薪火相傳，一脈相承，弘揚和發展五千年來優秀的、光明的、先進的、科學的、文明的和自豪的文化現象，融合古今中外一切文化精華，構建具有

中華文化特色的現代民族文化，向世界和未來展示中華民族的文化力量、文化價值、文化形態與文化風采。

為此，在有關專家指導下，我們收集整理了大量古今資料和最新研究成果，特別編撰了本套大型書系。主要包括獨具特色的語言文字、浩如煙海的文化典籍、名揚世界的科技工藝、異彩紛呈的文學藝術、充滿智慧的中國哲學、完備而深刻的倫理道德、古風古韻的建築遺存、深具內涵的自然名勝、悠久傳承的歷史文明，還有各具特色又相互交融的地域文化和民族文化等，充分顯示了中華民族厚重文化底蘊和強大民族凝聚力，具有極強系統性、廣博性和規模性。

本套書系的特點是全景展現，縱橫捭闔，內容採取講故事的方式進行敘述，語言通俗，明白曉暢，圖文並茂，形象直觀，古風古韻，格調高雅，具有很強的可讀性、欣賞性、知識性和延伸性，能夠讓廣大讀者全面觸摸和感受中華文化的豐富內涵。

肖東發

海島上的明珠　嶗山太清宮

在山東青島東二十五公里嶗山老君峰下、嶗山海灣之畔，有一座號稱嶗山道觀中歷史最悠久、規模最大的一座宮觀名叫太清宮，俗稱下宮。

此道觀修建於西漢建元元年，即公元前公元一四〇年，距今已有兩千多年的歷史。由於此道觀三面環山，一面臨海，形成海抱仙山山抱海、山海相依、負陰抱陽的獨特地理景觀，所以被人們譽為「海島上的明珠」。

▌張廉夫在嶗山始建三官廟

道教是中國本土的一種宗教，創立於東漢時期，是中國土生土長的宗教，並經過長期的歷史發展而形成的。道教距今已有兩千多年的歷史。它與中華本土文化緊密相連，深深扎根於中華沃土之中，並具有鮮明的中國特色，對中華文化的各個層面產生了深遠影響。當今的道教主要分為全真派和正一派兩大教派。

俗話說：山不在高，有仙則名。嶗山的盛名，得益於嶗山的道教。嶗山素有「九宮八觀七十二名庵」之說，其中，規模最大、歷史最悠久的就是始建於西漢建元元年、距今二千一百四十多年的道教道觀太清宮。

■嶗山太清宮石刻

那麼，這座道觀是由何人所建，為什麼而建立呢？我們的故事還要從西漢年間說起。

話說，在西漢文帝、景帝、武帝年間，人們對玄學的研究相當普遍，宮廷中從皇帝到眾官員都以精於玄學為榮。

在這些眾多的官員中，有一個名叫張廉夫的才子，在當時的玄學潮中獨領風騷。

這位張廉夫本是漢景帝時期的大夫，但是，由於他非常喜歡玄學，久而久之，便對官場產生了厭倦的情緒。

■孫臏是中國戰國時期軍事家，兵家代表人物，是著名軍事家孫武的後代。他曾與魏國大將龐涓為同窗，因受龐涓迫害遭受臏刑，身體殘疾。後在齊國使者的幫助下投奔齊國，被齊威王任命為軍師，輔佐齊國大將田忌兩次擊敗龐涓，取得了桂陵之戰和馬陵之戰的勝利，奠定了齊國的霸業。

也正因為如此，張廉夫最終還是選擇了「棄職入道」。棄官以後，張廉夫先是來到離京城最近的終南山修道。

終南山從春秋時期開始就是中國道教的發祥地之一，歷史上有不少著名人物都與這座大山有關。

戰國時期的軍事家孫臏、龐涓，政治家蘇秦、張儀，元代的政治家劉秉忠等都是從終南山出來的。

到現在為止，終南山仍有許多道教古蹟，記載著當年的輝煌。

再說張廉夫在終南山學道數載後，他把師父教的道教學問都學完了，之後，他便開始雲遊各名山大川，並一路收留一些有緣的弟子。

玄學是對《老子》、《莊子》和《周易》的研究和解說。是對道家的表達。可以說玄學是道家的一種分支或改進。「玄」字出自老子《道德經》中「玄之又玄，眾妙之門」，言道幽深微妙。

西漢武帝建元元年，也就是公元前一四〇年，張廉夫和其弟子來到了山東青島地區的嶗山。

■三官殿大門

張廉夫見此地三面環山，前面瀕海，認為此地是建立道觀的最佳地方，於是，他在嶗山老君峰下選擇背山面海之處，用了兩三年的時間，和眾弟子

相繼建起了「三官庵」和「三清殿」兩座茅庵。這兩座主殿便是嶗山地區人工修建的首座道教廟宇，張廉夫將它們命名為「三官廟」。

嶗山太清宮內現存的三官庵又稱三官殿，是嶗山最早的道教廟殿，為布局工整的三進殿院，大門朝東。在中國北方，絕大多數的廟堂大門都是朝南開的，因為坐北面南象徵著權威。嶗山是道家仙境，不講究權勢，在這裡把門向東開是表示對客人的尊重。

現存的三官殿是宋代以後的重修建築，其主殿屬單檐硬山式磚石結構殿堂，頂面覆以黑色板瓦和筒瓦，匾額為長方形木雕篆書書體，是標準的宋代建築。硬山式是中國古建築屋頂的構造方式之一，屋面僅有前後兩坡，左右兩側山牆與屋面相交，並將檁木梁全部封砌在山牆內，左右兩端不挑出山牆之外的建築叫硬山建築。硬山建築是古建築中最普通的形式，無論住宅、園林、寺廟中都有大量的這類建築。

篆書漢語字體之一。是大篆和小篆的統稱。大篆指甲骨文、金文、籀文、六國文字，它們保存著古代象形文字的明顯特點。小篆也稱「秦篆」，是秦國的通用文字，大篆的簡化字體，其特點是形體勻逼齊整、字體較籀文容易書寫。

從宋代至今，三官殿經歷過無數次修繕，卻總是保留著宋代建築的基本特點和風格，雖不是富麗堂皇，卻不乏古樸莊嚴，是典型的道教殿堂。

三官殿內供奉的是天官、地官、水官，實際上是中國古代最有影響的三位部落領袖堯、舜、禹。

相傳，堯敬天愛民，上應天象，風調雨順，被人尊為「天官」；舜在位時，民風高尚，地不生災，被譽為「地官」；大禹繼承父業，治理了水患，三過家門而不入，理所當然地被尊為「水官」。

在三官殿的正殿兩側，分別供有「雷神」和「真武」二神。

需要注意的是，這裡的雷神和我們傳統中認識的雷公卻不是同一人，這裡的雷神主要是懲罰惡人和對做壞事者採取相應懲處措施的神，是正義之神。

■太清宮內的岫玉雕刻

　　真武就是玄武，是四方神之一。傳說，天尊出巡時，左青龍、右白虎、前朱雀、後玄武，簇擁在天尊周圍，以壯天威。

　　天尊是道教對所奉天神中最高貴者的尊稱，在佛教中也稱佛為「天尊」。如道教中的元始天尊、道德天尊、靈寶天尊和玉皇天尊等。其中，元始天尊、靈寶天尊和道德天尊三位是道教所尊的玉清、上清和太清三清尊神。

　　那麼，這裡為什麼雷神的對面是「真武」神像呢？因為嶗山地處中國北方，從方位管轄的角度來看，也屬於玄武神的範圍，在四方神中單獨供奉玄武神也有這個原因。

　　從宋代開始，皇帝在尊神的同時，又避諱他們先君或自身的名字，後把玄武的「玄」字改為「真」字，就是現在的「真武大帝」。

　　真武屬水，水德柔順，滋潤萬物，與雷神相對，一位象徵著至剛，一位象徵著至柔，正應了道家哲學中「陰陽相生，剛柔並濟」的辯證思想。

■矗立在太清宮門前的照壁

這種哲學思想不僅是道士修身處世的基本思想，而且也是練武功、修內功的主旨，對養生、內外功修煉都有一定的指導意義。

在三官殿院內外，還分布有大量的古樹名木，其中以大門外不遠處的一棵圓柏為最古。

這株圓柏，高十八公尺，胸圍三公尺多，樹齡有二千一百多年，據說，這是三官殿的創始人張廉夫初建此廟時所植，至今仍生機盎然。

另外，在三官殿的二進院和三進院內，還有很多株山茶，其樹齡之高，大多在四百年以上。

■三清殿內神像

　　和三官殿在同一時期修建的三清殿是現存嶗山太清宮的第二大主殿。這是一座長方形院落，由一個正殿和兩個偏殿組成。其中，主殿屬磚石結構的硬山式建築，殿內供奉三清神像。

　　道教的最高境界稱為「三清」，即玉清、上清、太清。三清各為一級洞天，各有天尊主持。三清是指道教三清尊神，即玉清元始天尊、上清靈寶天尊、太清道德天尊（太上老君）。其中所謂玉清境、上清境、太清境是所居仙境的區別，清微天、禹餘天、大赤天是所統天界的劃分，而天尊的意思則是說，極道之尊，至尊至極，故名天尊

　　在中國古代道學思想中，認為小乘修煉是做人的根本，一個龐大的人類社會，需要有一種能夠制約人行為的規範，以此來區別美醜善惡，這就是我們常說的道德。幾千年來約束人們行為最有力的規範就是道德，因此，道家把涵養道德作為最高級的修身境界。。

　　道德天尊又稱太上老君、混元老君、太清大帝等。是三清尊神中受到最多香火奉祀的神明，道教相信道家哲人老子是老君的化身，度人無數，屢世為王者之師；因其傳下道家經典《道德經》，所以稱老君為道德天尊，也被道教奉為開山祖師。

　　道家認為，一個人只有道德高尚，才有資格去接觸中、高級的修煉內容。

　　道德高尚的人經過刻苦修行，啟動靈感之後方能獲得寶貴的修真祕訣，並沿著正確的修身道路才可以達到返樸歸真的境界。所以這就是在三清殿的正殿供奉的三清真神正是道德天尊、靈寶天尊、元始天尊的原意和祕密所在。

　　在正殿的兩側，依照方位，東西兩廂分別設有偏殿。東偏殿供奉的是道教全真派最初的創立始祖東華帝君，在神話傳說中，東華帝君是天上陽神的主管。西偏殿中供奉的是西王母，俗稱「王母娘娘」，傳說她是天上陰神的主管。

■三清殿古老的香爐

　　此外，在三清殿外側，還有一尊紅臉膛，三隻眼，三目怒視，鬍鬚四張，披甲戴盔，手持鋼鞭火輪的神像，就是鎮壇王靈官。

　　王靈官是道教的護法神和糾察神，他相當於佛教中的護法神韋馱的地位。

　　再說嶗山上的三官庵和三清殿這兩座茅庵建成後，張廉夫便在此地廣收學徒，並舉行了正規的授徒祭拜儀式。

　　從此，這裡便正式成為了道教道觀，這也為嶗山道教以後的發展奠定了基礎。

　　因為這嶗山上道觀的修建時間比龍虎山的開山祖師張道陵創立天師道的時間要早兩百多年，為此，以後的嶗山道士尊稱張廉夫為「開山始祖」，而嶗山也成為了中國道教的發祥地之一。

■王靈官塑像

【閱讀連結】

　　張廉夫在嶗山道教的功績不僅僅是首建廟宇，而在於他屢次南下北上，來往於中華大地的各處道教廟宇之間，推進了各道地教經書典籍、經韻曲牌的交流，充實了嶗山的道教文化。

　　西漢昭帝始元二年丙申（公元前八五年），張廉夫委命弟子劉方清、趙沖虛、馮若修主持廟事，自己回江西鬼谷山三元宮潛修。這時張廉夫已是八十五歲高齡。這之後他多次來嶗山，以近百歲高齡往返大江南北，這在交通相當便利的現代都是不容易的，何況在兩千餘年前，沒有極高的修為，沒有健壯的體魄是根本做不到的。

▌道士李哲玄擴建三皇殿

公元九〇四年，由張廉夫始建的三官廟迎來了一位特殊的客人，此人便是第一位受過朝廷敕封的高道李哲玄。

這李哲玄，字靜修，號守中子，河南蘭義人，生於唐代宣宗大中元年丁卯二月十七日，即公元八四七年。

■孫思邈（五八一年至公元六八二年），漢族，唐朝京兆華原，現在的陝西耀縣人，是著名的醫師與道士，是中國乃至世界史上偉大的醫學家和藥物學家，被後人譽為「藥王」，許多華人奉之為「醫神」。

李哲玄在他十四歲的時候考中進士，因他喜歡過無拘無束的生活，並喜歡讀道經，同時受孫思邈、司馬承禎等人的道學思想影響。

正是如此，他做官不久後，便選擇了棄官雲遊，四處尋找道家名師，以便拜師學道。

後來，李哲玄幾經輾轉，來到了廣東省惠州博羅縣境內的羅浮山曜真洞入道。

　　修行十數年，當他深研玄理，學得道教的精華以後，他便拜別師友，於唐昭宗天祐元年，即公元九〇四年來到了嶗山。

　　此時，嶗山的三官廟自張廉夫創建了三官庵和三清庵以後，直至唐代，並沒有多大的變化。

■三官殿內殿堂的一角

　　李哲玄來到此地後，見這裡風景優美，環境極佳，但作為一個道教高人來說，他認為，這三官廟宮區的布局很不合理，於是，他便依照道教「道生一，一生二，二生三，三生萬物」的哲學思想，對三官廟的甬道和附屬建築布局進行了調整和修建，並集資興建一座殿堂，名為三皇殿。

李哲玄根據九宮八卦的方位將三皇殿建於「開門」位置。因為在道教的九宮八卦方位中，只有「休門、生門、開門」這三門為吉門。

　　與此同時，李哲玄還組織了廟內的道士們完成了植樹、修路、建庭院和栽花圃等系列工作，使太清宮的園林布局形成了正規的寺廟園林風格。

　　太清宮現存的三皇殿就是李哲玄當時修建留下的古蹟。這是一個長方形院落，並排列有兩座殿堂，主殿是三皇殿，副殿是救苦殿和耿祖祠。

　　九宮八卦九宮是排局的框架和陣地，中宮之數為五，寄於坤宮。這樣，依照次序便是：一宮坎，二宮坤，三宮震，四宮巽，五宮中，六宮乾，七宮兌，八宮艮，九宮離。八卦是中國古代一套有象徵意義的符號。用「———」代表陽，用「——」代表陰，用三個這樣的符號，組成八種形式，叫做八卦。

■太清宮內的道教石刻

　　太極圖是研究周易學原理的一張重要的圖像。太有至的意思，極有極限之義，就是至於極限，沒有相匹之意。既包括了至極之理，也包括了至大至小的時空極限，放之則彌六合，卷之退藏於心。可以大於任意量而不能超越圓周和空間，也可以小於任意量而不等於零或無，以上是太極二字的含義。

三皇殿中供奉的是「天皇」、「地皇」、「人皇」三位神仙。他們分別是中華民族遠古時期的氏族領袖伏羲、神農和軒轅。

其中，被稱為天皇的伏羲氏手裡擎著太極圖位於中間，旁邊那位手捻稻菽的是地皇神農氏，另一邊手握護板的是人皇軒轅氏。

關於這三位老祖先傳說很多，如：伏羲制八卦；神農嚐百草；軒轅皇帝做兵器、造舟車等，他們都被尊為開創華夏文明的始祖。

在三皇殿兩側，供奉的是中華民族歷史上出類拔萃的十位民間醫生。他們是創始診病「問、聞、望、切」四法的扁鵲；發明麻沸散、首創健身五禽戲的華佗；作《傷寒雜病論》的張仲景；著有《千金藥方》、後被尊為藥王的孫思邈；修《本草綱目》的李時珍，等等。

五禽戲又稱五禽操、五禽氣功、百步汗戲等，是一種中國傳統的健身方法，由五組模仿動物的動作組成，傳說由東漢醫學家華佗創制。五禽戲在中國民間廣為流傳，也是流傳時間最長的健身方法之一，據傳，華佗的徒弟吳普因長年習練此法而達到百歲高齡。

在正殿中供奉這些名醫的造像，意義在於紀念他們繼承和發揚中華民族醫學，治病救人，廣施普濟的功績。

此外，在三皇殿內，還有一株古柏，高二十二公尺，胸圍近四公尺，樹齡在兩千年以上，它與三官殿大門外的古柏同是西漢張廉夫初創太清宮時所種植。

在這株古柏樹幹北側距地面一點五公尺處，生長著一株藤本植物凌霄，這株凌霄的根全部長在樹幹中，與之相呼應。在此古柏的南側距地面約十公尺的樹幹上又生有一株木本植物鹽膚木。這凌霄的樹齡已超過百年，鹽膚木的樹齡也有近百年。

在這近百年來，這三樹一體同生，在植物界實屬罕見，形成獨特景觀，被稱為「漢柏凌霄」。

在此漢柏旁邊，還有一棵唐代栽的榆樹，名為龍頭榆。此樹不結榆錢，樹身盤曲似蒼龍，樹高十八點二公尺，胸徑一點三公尺，樹齡已有一千一百餘年，居全國古榆之冠。

鹽膚木又稱五倍子樹、山梧桐、黃瓢樹和漆樹，為漆樹科鹽膚木屬落葉小喬木。它是中國主要經濟樹種，可供製藥和作工業染料的原料。其皮部、種子還可榨油。在園林綠化中，可作為觀葉、觀果的樹種。根、葉、花及果均可入藥，有清熱解毒、舒筋活絡之功效。

■三皇殿前的漢柏凌霄

三皇殿的西配殿是耿祖祠，裡面供奉的是明代太清宮道士耿義蘭，這是外道地教殿觀中沒有的。

三皇殿的另一配殿為救苦殿，裡面供奉的是救苦天尊。

傳說，這位救苦天尊專門濟世救苦，拯救世人脫離苦海，幫助世人解脫困境。這實際上仍是道教思想的一個側面反映。

在救苦殿外，還有一株大山茶，樹高十公尺，胸圍一點三公尺，樹蔭所及七十餘平方公尺，是現存嶗山景區內長勢最好的一株山茶。

此山茶北側有一株側柏，高十七公尺，胸圍近兩公尺，樹齡也在五百年以上。

再說這位組織修建三皇殿的李哲玄，他一共活了一百二十歲，是一位修道有成的長壽道人。

■生長在太清宮內的龍頭榆

公元九五九年，李哲玄羽化於嶗山太清宮，其骨骸葬於太清宮後山之陽。後來，鑒於李哲玄對嶗山廟宇的建設做出了重大貢獻，後周太祖郭威敕封他為道化普濟真人。

【閱讀連結】

據中國古代的經典著作《易經》中記載，在伏羲存在的歷史時期，他制定並修改了華夏曆法，所以被後人尊為「天皇」，其意義是紀念他對中華民族科學文化所做出的貢獻。

神農氏是中國古代神話中人物，傳說他生有一個水晶肚子，為了讓人類能有足夠賴以生存的食物，他嘗遍百草。如果某種植物有毒，他吃了後就要睡半天，而且看到肚子發黑，就告訴人們不要吃；如果吃了某種植物後肚子仍然是紅的，則可以採集種子，種植繁育。為此，後人為了紀念他，便把他稱為「地皇」。

「人皇」是紀念炎黃部落首領軒轅氏，因為他統一了黃河中上游各分散的部落，建立了一個民族的雛形，實行了對人群的管理，被尊為「人皇」也是不容非議的。

宋代劉若拙奠定道觀規模

五代時期，李哲玄的師侄劉若拙為尋訪其師叔李哲玄來到了嶗山三官廟。據說，這位劉若拙武藝高強，修道很深。

五代是指後梁、後唐、後晉、後漢、後周五個朝代權，雖然實力強大，但無力控制整個中國本土。而其他割據一方的藩鎮，有些自立為帝，有些奉五代為宗主國。本時期時常發生地方實力派叛變奪位的情況，使得戰亂不止，統治者多重武輕文。

劉若拙來到三官廟以後，便自己組織了一些道人在嶗山修建了一所茅庵供奉老子神像。

■宋太祖趙匡胤（公元九二七年至九七六年），中國北宋王朝的建立者，出生於洛陽夾馬營，祖籍河北涿州。出身軍人家庭。公元九四八年，投後漢樞密使郭威幕下，屢立戰功。公元九五一年，郭威稱帝，建立後周。公元九六〇年，他以「鎮定二州」的名義，謊報契丹聯合北漢大舉南侵，領兵出征，發動陳橋兵變，代周稱帝，建立宋朝，定都開封。

後來，宋太祖趙匡胤建立了宋朝，他聽說了劉若拙的名號以後，便於公元九六〇年召其入京，並封劉若拙為「左街道錄」，也就是朝廷掌管道教事務的官員，想把劉若拙留在宮中。

但是，劉若拙並不喜歡宮廷裡的生活，幾年後，他堅決要求回嶗山，宋太祖挽留不住，只好同意，並敕封他為「華蓋真人」。劉若拙回到嶗山後，宋太祖又撥給三官廟巨款，要求劉若拙對三官廟進行一次大規模的修繕。

■太清宮建築群

　　因為劉若拙在嶗山上居住的別院叫太清宮，所以後人們便把嶗山上的三官廟又稱為太清宮。太清宮重修後，就基本形成了現在的規模，主要正殿有三官殿、三清殿和三皇殿等。

　　如今，在現存太清宮三官殿的正門兩邊，還有劉若拙重修太清宮時，親手種植的兩棵銀杏樹，這兩棵樹高二十五公尺以上，胸徑都有數圍，樹齡均在千年以上。

　　此外，在三官殿通往三清殿的路上，還有一座由劉若拙親自命名的石橋，橋的旁邊有一大石，上面刻著「逢仙橋」三字，旁邊還有記載當年宋太祖趙匡胤召見並敕封劉若拙為「華蓋真人」的記事。

逢仙橋石刻

　　相傳，當年劉若拙在除夕迎神，在這裡遇到一位白鬚飄胸的老翁走上前來與他交談了兩句，劉若拙正想問其姓名，老人卻不見了，只在雪地上留下了兩個腳印，於是，劉若拙認為自己遇到了仙人，事後在此刻石以證此事。同時，他還為此橋命名為逢仙橋。

　　再說當年太清宮經過劉若拙等人的一番修建後，嶗山道教的名聲大振，四方道眾，紛紛來此學道修行，嶗山道教一時興盛空前。

【閱讀連結】

　　據說，銀杏樹和其他樹木最大的特點就是有性別之分，而由劉若拙親手種植的這兩棵銀杏樹都是雄性的。

此外，銀杏樹還有「銀杏樹」、「公孫樹」等別稱，那麼，為什麼叫「公孫樹」呢？原來，是因為它生長很慢，爺爺種下的樹，到了孫子那一代才能吃到果實，所以在民間有「桃三杏四梨五年，無兒不種銀杏園」的說法。

保留宋代建築風格的道觀全景

太清宮自從宋代劉若拙重修後，又陸續經歷過無數次的修繕，但它總是保留著宋代建築的基本特點和風格，它雖不是富麗堂皇，卻不乏古樸莊嚴，是典型的道教殿堂。

太清宮內的大鐵鐘

同時，從宋代起，嶗山道教越來越出名，吸引了很多道教徒前來隱居潛修，如徐復陽等人均在此修過道。直到中華人民共和國成立前，太清宮內仍有道士十三人，修行徒二人。

　　嶗山現存的太清宮占地三萬平方公尺，建築面積二千五百平方公尺。廟宇主體分三官殿、三清殿、三皇殿三大部分，另有關岳祠和東西客堂、坤道院等附屬設施，共有房屋一百五十多間。

■太清宮內的牌坊

　　進入太清宮，最先看見的是高八公尺，寬十六公尺，由底座、立柱、額枋、字板四部分組成的太清宮牌坊，此牌坊修建於公元一九九七年，為四柱三門式。

　　牌坊又稱為牌樓，是中國特有的門洞式建築，雖然它只是中國古建築中的「小品」，但其古老深厚的歷史底蘊和極為豐富的人文內涵使其被公認為是中華文化的象徵，加上它具有強烈的裝飾、襯托、氣氛渲染的風格，自然被廣泛地應用到寺觀廟宇的建築中來。

　　牌坊陽面上部正中寫著「嶗山太清宮」五字，此字為中國宗教局閔志庭道長題寫，牌坊陰面上寫著「閬苑聖德」四字，為太清宮道長劉懷遠所題。

　　另外，這牌坊自下而上，分別雕有「事事如意」、「福祿壽」、「鶴鹿同春」、「十二生肖」、「龍形」等雕刻，形象生動，寓意深刻。

從牌坊入口進去，就是太清宮的正門。

進入正門，左右兩邊分別建有鼓樓和鐘樓。俗話說，「晨鐘暮鼓」，道觀內的鐘鼓是為了給道士們一種嚴整的時間觀念，提醒他們勤學苦修，不要偷懶。

在鐘鼓樓後有兩座高大雄偉的建築，這是新時期修建的元辰閣和元君閣。在元辰閣和元君閣後面，便是太清宮內最早的建築之一三官殿。此殿後面還有一座為祭祀嶗山名道、長春真人丘處機所建的殿宇丘祖殿。殿內供奉的是丘處機的塑像。

從邱祖殿出來，經過逢仙橋，便是三清殿。走出三清殿向東拐，還有一個供奉漢代的關羽和宋代忠將岳飛的殿堂關岳祠。

在關岳祠門口，有一棵金桂樹，每到桂花盛開的時候，老遠就能聞到金桂花那濃濃的香甜味道。樹枝上繫滿了人們用來「許願」的紅繩。

丘處機（公元一一四八年至一二二七年），也寫作丘處機，因避孔子的名諱，將丘寫成邱。字通密，道號長春子，中國金朝末年全真道道士。他為金朝和蒙古帝國統治者敬重，並因遠赴西域勸說成吉思汗減少殺戮而聞名。在道教歷史和信仰中，丘處機被奉為全真道的「七真」之一，以及龍門派的祖師。

在金桂樹旁邊，還有個小亭子，傳說這是「蒲松齡寫書亭」。相傳，蒲松齡到嶗山時，曾在此寫書。

■太清宮內的元辰閣

　　蒲松齡筆下的《聊齋志異》共有四百多篇故事，其中有八篇是以嶗山為題材或以嶗山為背景的，如「嶗山道士」，「香玉」等。

除殿堂和亭子外，還有嶗山四大名泉之一的「神水泉」。其中，太清宮內的「神水泉」三個字，據說是宋代華蓋真人劉若拙的親筆手跡。

太清宮從初創到現在已經歷兩千多年的歷史，在眾多的道教廟殿當中，它是有記載的最早的嶗山道教祖庭。因此，又可以說，現存的太清景區是嶗山景區中展現道教文化的代表景區。

【閱讀連結】

太清宮內的神水泉，之所以叫它神水泉，是因為它有「三神」：

一神為水質清澈甘甜，礦物質含量豐富，雜質少。據說，嶗山道士用過多年的暖水瓶從來沒有結過水垢；

二神是大旱三年水不涸，大澇三年水也不溢，無論怎樣取水，水平面

■蒲松齡塑像

始終與井口保持一致。只可惜，在這幾年的一次修復中，因為施工方面的原因，水位發生些變化；

三神為飲用此泉水，有助於治療胃潰瘍等多種慢性病，達到有病醫病無病健身的效果。

龍門祖庭　北京白雲觀

　　北京白雲觀是道教全真教派的第一叢林，始建於唐代，幾經毀壞重建，從明代起，正式更名「白雲觀」，是北京歷史上最著名、也是北京現存規模最大的道觀建築。

　　此道觀位於北京西便門外，是長春真人丘處機羽化之所，也是現代中國道教協會的所在地。由於丘處機被奉為全真龍門派祖師，因此，白雲觀也被人們稱為「全真龍門派祖庭」。

▍丘處機命令弟子重建太極宮

　　龍門派是全真道分衍的支派之一。它承襲全真教法，處於道教衰落的明清時代。由北七真之一的丘處機所傳。龍門派尊全真七子之一的丘處機為祖師。尊丘處機的弟子趙道堅為創派宗師。第二代張德純活到元末，第三代以後進入明代。據此，明代實為龍門派的肇建時期。

■白雲觀內的石獅

　　看過金庸武俠小說《射鵰英雄傳》的人都應該知道，在這部小說中，有一個叫丘處機的人，他在小說中的形像是一位豪邁奔放、武藝高強的道士。

　　那麼，這位道士既然是小說中的人物，他又是否是一個虛構的人物呢？

　　其實，在中國的歷史上，是真的有一位叫做丘處機的道士的。他便是被奉為全真道「七真」之一，以及龍門派的祖師。

　　這丘處機本是道教全真教創始人王重陽的弟子，王重陽羽化後，他在陝西磻溪洞穴中住了六年，潛心修道。行攜蓑笠，人稱「蓑衣先生」。後又赴隴州龍門山，即後來的寶雞市東南地區隱居潛修七年，成為全真龍門派創始人。

■成吉思汗孛兒只斤‧鐵木真（公元一一六二年至一二二七年），蒙古帝國可汗，尊號「成
　吉思汗」。世界史上傑出的政治家、軍事家。公元一二〇六年春天建國稱帝，此後多次
　發動對外征服戰爭，征服地域西達中亞、東歐的黑海海濱。公元一二六五年十月，元世
　祖忽必烈追尊成吉思汗廟號為太祖。

　　公元一二二〇年，丘處機率領自己的弟子尹志平、李志常、宋德方等
十八人從中原出發，跋山涉水，風餐露宿，行程萬里，歷時兩年，到達西域
大雪山，謁見元太祖成吉思汗。

　　太祖問丘處機治理天下良策，丘處機回答以「敬民愛民」為本，太祖又
問他長生不老之術，丘處機回答要以「清心寡慾」為要，並進言太祖想要統
一天下，就不要濫殺無辜。

　　太祖覺得他的話很有道理，便對他以禮相待，並賜給他「神仙」、「大
宗師」的稱號。

　　金末元初，丘處機從西域大雪山出發，回到中原，此時，成吉思汗已經
攻下金朝大都燕京，成吉思汗便贈給丘處機虎符及璽書，命他掌管全京城的
道教。為了讓丘處機能夠留在燕京，成吉思汗又把燕京的太極宮賜給丘處機
居住。

虎符是古代皇帝調兵遣將時使用的兵符，是用青銅或者黃金做成伏虎形狀的令牌，劈為兩半，其中一半交給將帥，另一半由皇帝保存，只有兩個虎符同時使用，才可以調兵遣將。虎符最早出現於春秋戰國時期，當時採用銅製的虎形作為中央發給地方官或駐軍首領的調兵憑證。

　　■唐玄宗也就是李隆基（公元六八五年至七六二年），亦稱唐明皇。公元七一二年至七五六年在位。唐睿宗李旦第三子，母竇德妃。公元七一○年六月，李隆基與太平公主聯手發動「唐隆政變」誅殺韋后。公元七一二年李旦禪位於李隆基，後賜死太平公主，取得了國家的最高統治權。

　　說起這太極宮，它的前身本來是唐代的天長觀。據相關歷史書籍記載，它本來是唐玄宗為「齋心敬道」，奉祀老子而修建的，觀內至今還有一座漢白玉石雕的老子坐像，據說就是唐代的遺物。

　　公元一一六○年，天長觀遭火災焚燒殆盡。七年後，金世宗完顏雍敕命天長觀倖存弟子重修道觀，又經過了七年時間，於公元一一七四年三月竣工。為了慶賀這次工程的竣工，金世宗完顏雍特意命人在觀中舉行了二天三夜的

大道場，並親率百官大臣前來觀禮。在此次道場結束後，金世宗為此道觀賜名曰「十方大天長觀」。

公元一二○二年，天長觀又不幸罹於火災，僅保存了老君石像。第二年重修後，改名為「太極宮」。

公元一二一五年，由於金國國勢不振，遷都於河南省開封市，為此，太極宮也就不再受到人們的重視了。

再說，丘處機入住在太極宮後，他看見此道觀遍地瓦礫，破爛不堪，便立即命令其弟子王志謹主領興建，直到三年後，太極宮的各個大殿以及樓台又煥然一新。

王志謹（公元一一七七年至一二六三年），又叫王棲雲，元代全真道士，法號誌謹，又稱棲雲真人。從小便與佛有道緣，便去長至山東拜郝太古為師，道法大有長進。太古仙逝以後，他即在盤山開門授徒，講道論玄，四方學者雲集。元朝時，賜號「惠慈利物至德真人」。

公元一二二七年，丘處機羽化於太極宮，同年，元太祖頒布聖旨改此宮為「長春宮」。

第二年，丘處機弟子尹志平於長春宮的東邊修建起一座道院，稱為「白雲觀」，專門用於存放丘處機的遺骨，並為存放地點取名為「處順堂」。

始建於元代的處順堂一直保存至今，是白雲觀建築群的中心。現存建築又名邱祖殿，是公元一四四三年重建，曾名「衍慶殿」和「貞寂堂」。

此大殿中間擺放的巨瓢名曰「癭體」，是一古樹根雕制而成。鉢口上鑲有金邊，且刻有十八個字「大清乾隆二十一年奉旨重修髹金仍供本觀」。此為清朝乾隆皇帝所賜，據說，乾隆皇帝特許道觀內道士可用此鉢到皇宮募化，宮中人必定施捨。丘處機祖師的遺骸就埋葬於此「癭鉢」之下。

■白雲觀內邱祖殿

　　殿的左右兩壁上，掛有兩幅梅花篆字《道德經》碑帖，為元代大書法家高文舉手書。此碑帖勁力蒼古，風韻獨特，字體介於石鼓文和大篆之間，其

絢麗的風采，群眾譽為「近看是字，遠看是花」，給人以朵朵梅花之感。該碑現在存於陝西省周至縣樓觀台。

由於龍門派祖丘處機在元代主持本觀，他羽化後又將遺骸放入此地，所以後來全真派的道徒們便尊白雲觀為龍門祖庭。

【閱讀連結】

關於白雲觀還有這樣一個傳說：

丘處機真人從大漠回來以後，奉命重建白雲觀。建好後，過了沒多久有一位王姓和尚為壓倒白雲觀，在觀的西面建了一座佛剎，起名曰「西風寺」，內中暗藏玄機，用意為「捲起西風，讓白雲無影無蹤」。

白雲觀的道長看在眼裡，心裡全都瞭然，這時白雲觀大殿前正在修建的一座石橋要竣工了，老道長便把這橋叫「窩風橋」，西風再厲害，也過不了這橋。後來白雲觀香火越來越旺，老和尚派人偷偷進觀考察，這才得知是一座「窩風橋」在發揮作用。

明代重修後奠定中路布局

元代末年，由於連年戰爭，白雲觀不再受到人們關注，原有的殿宇也一天比一天破敗，直到明王朝的建立，才讓一度冷落了的白雲觀又出現了新的生機。

■朱棣（公元一三六〇年至一四二四年），明朝第三位皇帝，明太祖朱元璋第四子。生於應天，時事征伐，受封為燕王，後發動靖難之役，起兵攻打侄兒建文帝。公元一四〇二年奪位登基，改元永樂。他五次親征蒙古，鞏固了北部邊防，維護中國版圖的統一與完整。

公元一三九四年，燕王朱棣命人再建長春宮，建成前後兩殿。公元一三九五年，燕王來此觀禮。公元一三九六年，世子朱高熾亦來此觀禮。

公元一四〇三年，明成祖朱棣敕命以處順堂為中心進行擴建，此後，太監劉順於此創建了三清大殿，住持倪正道又與內官協力創建玉皇殿。正統五年（公元一四四〇），寺內道人又重建了處順堂。經過一系列的擴建，道觀始定現在的規模。

■白雲觀的玉皇殿

朱高熾（公元一三七八年至一四二五年），明成祖朱棣的長子。於公元一四二四年八月登基，成為明朝的第四位皇帝。他生性端重沉靜，言行識度，喜好讀書。由於他的儒雅與仁愛深得皇祖父朱元璋的喜愛。但他身形較胖，導致身體較弱。在位期間發展生產，為「仁宣之治」打下基礎。

這些殿堂和建築的修建，讓白雲觀再次熱鬧起來。到了公元一四四三年，明英宗再次命人重新補修了道觀的各個大殿，並正式將此道觀改名為白雲觀。

在現存的白雲觀中，建築群體分為中、東、西三路，其中，中路部分的眾多殿堂都是在明朝時期修建起來的。這些建築主要有靈官殿、三官殿、玉皇殿、財神殿、救苦殿、老律堂、藥王殿和三清四御殿等。

其中，靈官殿始建於明英宗正統八年（公元一四四三年），明代宗景泰七年（公元一四五六年）和清康熙元年（公元一六六二年）均有修建。殿內主要供奉道教護法神王靈官。神像為明代木雕，高約一點二公尺，比例適度，造型精美。紅臉捲鬚，怒目圓睜，左手掐訣，右手執鞭，形象威猛。其左邊牆壁上為趙公明和馬勝畫像，右邊牆壁上為溫瓊和岳飛畫像，這就是道教的四大護法元帥。

道教的四大護法分別為趙公明、馬勝、溫瓊和岳飛。其中，趙公明，本名朗，字公明，又稱趙玄壇，「玄壇」是指道教的齋壇，相傳為武財神。馬勝，又稱華光大帝、靈官馬元帥等，相傳他因生有三隻眼，民間又稱他為「馬王爺三隻眼。」溫瓊，是泰山神，為東嶽大帝的部將。他姓溫，名瓊，浙東溫州人。

　　白雲觀內現存的三官殿原名「豐真殿」，殿內供奉的是天、地、水「三官大帝」。中座為天官，即上元一品天官賜福大帝；左邊為地官，即中元二品地官赦罪大帝；右邊為水官，即下元三品水官解厄大帝。

　　白雲觀內現存的玉皇殿始建於公元一四三八年，清康熙元年重修。原名「玉歷長春殿」，公元一七〇六年改名為玉皇殿。殿內供奉著玉皇大帝，全稱是「昊天今闕至尊玉皇大帝」，又稱「玄穹高上玉皇大帝」，簡稱「玉帝」或「玉皇」。

　　此雕像身著九章法服，頭戴十二珠冠旒，手捧玉笏，端坐龍椅。神龕上此像為明代木雕像，高約一點八公尺。神龕前及兩邊垂掛著許多幡條，上面繡有許多形體顏色各異的篆體「壽」字，一共是一百個，所以被稱為「百壽幡」。

　　這是清朝慈禧太后六十大壽時，為乞求玉帝保佑身康體泰、延年益壽而賜贈白雲觀的供品。

　　玉帝雕像的左右兩側是六尊明代萬曆年間所鑄造的銅像，他們即是玉帝階前的四位天師和二個侍童。

　　此外，殿壁四周還掛有南斗六星、北斗七星、三十六帥、二十八星宿的絹絲工筆彩畫共八幅，均為明清時代佳作。

　　白雲觀內現存的財神殿原名「儒仙殿」。殿內供奉三位財神。中座為文財神比干，左邊為武財神趙公明，右邊為武財神關羽。

　　比干，姬姓之後，中國古代著名忠臣，被譽為「亙古第一忠臣」。他是殷紂王叔父，忠正耿直，見紂王荒淫暴虐，常直言進諫。因聽信妲己讒言，

紂王惱怒，將他剖心，後被姜子牙所救。由於他無心，所以在他手下做生意，買賣公平，老少無欺。於是被人們供奉為財神。

■玉皇殿內的精美壁畫

位於財神殿之後的是救苦殿，此殿原名「宗師殿」，殿內供奉的是太乙救苦天尊。太乙救苦天尊，也是就是太乙真人，他騎九頭獅子，左手執甘露瓶，右手執寶劍。

據道經說，太乙救苦天尊是天界專門拯救不幸墮入地獄之人的大慈大悲天神。受苦難者只要祈禱或呼喊天尊之名，就能得到救助，化凶為吉。民間盛傳《拔度血湖寶懺》是由太乙救苦天尊所傳授的。

■白雲觀的救苦殿

　　白雲觀內現存的老律堂原名七真殿，因清代高道王常月祖師曾奉旨在此主講道法開壇傳戒，求戒弟子遍及大江南北，道門玄風為之一振。後世為紀念道教史上這一中興時期，便將此殿改名為「老律堂」，「律堂」即傳授戒律的殿堂。

　　王常月，明末清初著名道士，俗名平，法名常月，號昆陽，山西長治人。屬全真龍門派，為全真道龍門支派律宗的第七代律師，他最大的貢獻，在於讓本已衰落的龍門派復興，可說也是令全真的復興，甚至可以說是整個道教離現今時代最近一次的復興。王常月本人也被譽為「中興之祖」。

　　老律堂內供奉全真派七位闡道弘教祖師，中座為長春全德神化明應真君丘處機，左座依次為長生輔化宗元明德真君劉處玄、長真凝神玄靜蘊德真君譚處瑞、丹陽抱一無為普化真君馬鈺，右座依次為玉陽體玄廣慈普度真君王處一、廣寧通玄妙極太古真君郝大通、清靜淵真玄虛順化元君孫不二。

　　白雲觀內現存的藥王殿原名「宗師殿」，殿內供奉的是唐代著名道士、醫學家孫思邈。他著有《千金要方》、《千金翼方》等多種著作，在中國醫學和藥物學方面做出了極大貢獻，因而被後世尊稱為藥王。

　　建於公元一四二八年的三清四御殿，原名「三清大殿」，殿內供奉的是三清。清康熙元年（公元一六六二年）改建為二層閣樓，乾隆年間又改為三清四御殿，上層供奉三清，下層供奉四御。

　　其中，上層的三清像為明朝宣德年間所塑造，高二公尺有餘，神態安詳超凡，色彩鮮艷如初，富麗而又不失古樸。下層的四御即是輔佐玉皇大帝的四位天帝：勾陳上宮天皇大帝、南極長生大帝、中天紫微北極大帝和后土皇地祇。這些都是清代中期泥塑金漆瀝粉造像，高約一點五公尺。殿前院子中的鎏金銅鼎爐，為明嘉靖年間所鑄造。香爐造型渾厚，周身雕鑄著精美的雲龍圖案，共有四十三條金龍。

　　泥塑即用黏土塑製成各種形象的一種民間手工藝。發源於寶雞市鳳翔縣。流行於陝西、天津、江蘇、河南等地。兩千六年入選中國非物質文化遺產。流傳民間三千年之久，是至今中國保留最古老、最具民族特色的泥塑類手工製品。

■白雲觀的老律堂

除了以上這些殿堂之外，白雲觀內原山門上，還懸掛了一副名為「敕建白雲觀」的匾額，這是當年明英宗皇帝所賜之物。此匾額是生鐵鑄造而成，其寓意是企望白雲觀堅固持久，像鐵鑄一般。正是如此，從明代起，白雲觀便有了「鐵打的白雲觀」之美譽。

【閱讀連結】

在白雲觀的藥王殿內牆壁上，還有一副孫思邈醫龍救虎圖，裡面講述的是這樣一個故事：

據說，海中一小龍外出遊玩，曾化為一蛇，被一小孩所傷，後被孫思邈所救，替它針灸用藥而致康復。小龍回到龍宮後告訴龍王。為感謝大恩，龍王送給孫思邈許多金銀財寶，但都被他拒絕了。後來龍王送給他兩部著名醫書《千金要方》和《千金翼方》，孫思邈潛心研究，終成一代藥王。

由於孫思邈的醫技高超，連深山老虎都知道。一天，一隻老虎口中受傷，便跑到孫思邈身邊毫無惡意地伏下身子，請求醫治。於是，孫思邈就在虎口中先放上一個鐵環，然後將手伸進去給老虎手術用藥。治癒後，老虎感動得流出了眼淚。後來這鐵環就被稱之為「虎銜」。

▌王常月指揮組建東西路建築

清代康熙年間，有個明末遺少，他對滿洲人入主華夏非常忿恨。經常悻悻不樂，但又無力匡扶明室。於是，他決心一生不去參加清朝的考試博取功

名，最後便跑到華山當了道士。這位道士便是全真道龍門支派律宗的第七代律師王常月。

■白雲觀內道教弟子說法的雲集山房

幾年後，王常月在華山的道教修行圓滿結束。之後，他下山去了京城。

此時，由於戰亂，京城裡白雲觀的道士們為了避禍都走光了，而住在京城的僧人們卻一心想要搶占這座廟宇，並為此發生了多起爭奪事件。主管此事的九門提督，急忙奏知康熙皇帝，想讓康熙想辦法制止搶占事件的再次發生。

九門提督是中國清朝時期的駐京武官，正式官銜為「提督九門步軍巡捕五營統領」。主要負責北京內城正陽門、崇文門、宣武門、安定門、德勝門、東直門、西直門、朝陽門、阜成門九座城門內外的守衛和門禁，還負責巡夜、救火、編查保甲、緝捕和斷獄等，實際為皇室禁軍的統領，品秩為「從一品」。

■康熙皇帝（公元一六五四年至一七二二年），原名愛新覺羅‧玄燁，清朝第四位皇帝、清定都北京後第二位皇帝。他八歲登基，在位六十一年，是中國歷史上在位時間最長的皇帝。他是中國統一的多民族國家的捍衛者，奠定了清朝興盛的根基，開創出康乾盛世的局面。

　　王常月來到京城之後，康熙帝即任命他為白雲觀的新任主持，這樣一來，京城的僧人們便不再去白雲觀搗亂了。

　　不過，這時的白雲觀，由於修建的年代久遠，很多殿堂都非常破爛，為此，王常月當上主持後不久，便向康熙請示，要求修復道觀。在康熙帝的幫助下，白雲觀再次迎來了一次大的修整。

　　公元一七〇六年，康熙帝命內帑重建道觀，修復了道觀內山門牌樓、石橋、鐘鼓樓，以及靈官殿、三官殿、玉皇殿和財神殿等中路殿堂，並擴建了道觀的西路建築神特、祠堂院、八仙殿、呂祖殿、元君殿、文昌殿和元辰殿，以及東路建築三星殿、慈航殿、真武殿、雷祖殿和道眾宿舍等。經過這次修復，白雲觀煥然一新，又重新迎來了眾多道士的加入和學法傳教。

■趙孟（公元一二五四年至一三二二年），字子昂，號松雪，松雪道人，又號水精宮道人、鷗波，中年曾作孟俯，漢族，浙江湖州人，元代著名畫家。他博學多才，能詩善文，特別是書法和繪畫成就最高，開創元代新畫風，被稱為「元人冠冕」。他與歐陽詢、顏真卿、柳公權被稱為楷書四大家。

之後，王常月祖師在此傳戒十次，度弟子千餘人，大振玄風。白雲觀也從此聲名大噪，享譽大江南北，前來求戒和參訪的道友絡繹不絕，整個全真道興盛起來。

白雲觀內的現存格局基本上就是在這一時期固定下來的，道觀內中路以山門外的照壁為起點，依次有照壁、牌樓、華表、山門、窩風橋、靈官殿、鐘鼓樓、三官殿和財神殿等各大殿。

其中，白雲觀內的照壁位於道觀正前方，正對牌樓。壁上嵌有「萬古長春」四個大字，為元代大書法家趙孟所書。其字體遒勁有力，令人嘆賞不絕。照壁是中國傳統建築特有的部分，明朝時特別流行，一般講，在大門內的封鎖物。古人稱之為「蕭牆」。在舊時，人們認為自己宅中不斷有鬼來訪，修

上一堵牆，以斷鬼的來路。另一說法為照壁是中國受風水意識影響而產生的一種獨具特色的建築形式，稱「影壁」或「屏風牆」。

牌樓原為櫺星門，是觀中道士觀星望氣之所。後來櫺星門演變為牌樓，已失去原來的觀象作用。

白雲觀內的現存牌樓興建於公元一四四三年，為四柱七層、歇山式建築。

白雲觀內山門為石砌的三券拱門，三個門洞象徵著「三界」，跨進山門就意味著跳出「三界」，進入神仙洞府。山門石壁上雕刻著流雲、仙鶴、花卉等圖案，其刀法渾厚，造型精美。中間券門東側浮雕中隱藏著一個巴掌大小的石猴，已被遊人摸得鋥亮。

仙鶴，傳說中的仙鶴，就是丹頂鶴，人們常把它和松樹繪在一起，作為長壽的象徵。道教中丹頂鶴飄逸的形像已成為長壽、成仙的象徵。在中國古代的傳說中，仙鶴都是作為仙人的坐騎而出現的，可見仙鶴在中國人心中是相當有份量的。

老北京有這樣的傳說：「神仙本無蹤，只留石猴在觀中。」這石猴便成了神仙的化身，來白雲觀的遊人都要用手摸摸它，討個吉利。觀內共有小石猴三隻，分別藏在不同的地方，若不誠心尋找，難以見到，所以有「三猴不見面」之說。

過了山門，便是窩風橋，這是一座南北向的單孔石橋，橋下並無流水。

白雲觀的鐘鼓樓，在建築布局上與其他宮觀的鐘鼓樓截然相反，其鐘樓在西側，鼓樓在東側。據說，這是因為在明代重修時保留了原來的鐘樓，在鐘樓之東新建鼓樓，才形成了現在所見的格局。

■白雲觀內的三券拱門

　　白雲觀西路建築群中，排在第一位的是一匹酷似駿馬的銅獸神特，走近細看，其造型竟為騾身、驢面、馬耳、牛蹄，因此，很多人稱它為「四不像」。其實，它的正名叫「特」。傳說它是一種神獸，具有奇特的功能，人哪兒不舒服，只要先摸摸自己，然後再摸摸它的相同部位，即可手到病除。

　　在神特之後，便是八仙殿。此殿建於公元一八○八年，殿內供奉著鐘離權、呂洞賓、張果老、曹國舅、李鐵拐、韓湘子、藍采和、何仙姑八位道教仙人塑像。

　　西路建築群中的呂祖殿建於清朝光緒年間，殿內供奉的是八仙中影響最大，傳聞最廣的呂洞賓祖師。

■白雲觀的鼓樓

■白雲觀內神特

　　白雲觀中的元君殿內供奉的是道教女神。中座為天仙聖母碧霞元君，左座分別為催生娘娘和送子娘娘，右座分別為眼光娘娘和天花娘娘。

　　碧霞元君即天仙玉女泰山碧霞元君，俗稱泰山娘娘、泰山老奶奶、泰山老母等。道教認為，碧霞元君「庇佑眾生，靈應九州」，「統攝岳府神兵，照察人間善惡」。是道教中的重要女神，中國歷史上影響最大的女神之一。

　　在中國古代，女人們最擔心的就是不育、難產，產後又擔心嬰兒出天花、鬧眼疾、夭折或落下殘疾，而這裡的四位娘娘正好掌管這一切，所以香火非常旺盛。

　　文昌殿位於元君殿之後，殿內供奉的是掌管人間功名祿位的文昌帝君。

　　西路建築群中的最後大殿元辰殿俗稱「六十甲子殿」，裡面供奉的是六十甲子神和斗姆元君。六十甲子源於中國古代的干支紀年法。即是用甲、乙、丙、丁、戊、己、庚、辛、壬和癸十天干，與子、丑、寅、卯、辰、巳、午、未、申、酉、戌和亥十二地支循環相配，由甲子起，至癸亥止，一個週期剛好為六十年，故名「六十甲子」，意為六十年另起一甲子。這六十甲子神都各有名號。

　　斗姆元君，道教神名。簡稱斗姆，也稱斗母元君。「斗」指北眾星，「姆」指母親。道經云，她「為北眾星之母」。傳說，斗姆原為龍漢年間周御王的愛妃，號紫光夫人，先後為御王生下九子。長子為天皇大帝，次子為紫微大帝，餘七子分別為貪狼、巨門、祿存、文曲、廉貞、武曲、破軍，即北斗七星。

■元辰殿內的塑像

　　白雲觀的東路建築群中，三星殿又名「華祖殿」，裡面供奉的是神醫華佗和福、祿、壽三星真君神像。

　　華佗，東漢末醫學家，字元化，一名旉，漢族，今安徽亳州人。華佗與董奉、張仲景並稱為「建安三神醫」。華佗是東漢末年著名醫學家，少時曾在外遊學，鑽研醫術而不求仕途。他醫術全面，尤其擅長外科，精於手術，被後人稱為「外科聖手」、「外科鼻祖」。

■白雲觀的慈航殿

　　慈航殿在清朝時為「火祖殿」，供奉著火德真君。公元二〇〇〇年重修後改為「慈航殿」，供奉的是觀音菩薩。真武殿，始建於清朝乾隆年間，公元二〇〇〇年重修，奉祀真武大帝。

　　雷祖殿內供奉的主神為九天應元雷聲普化天尊，陪祀風、雨、雷、電四位雷部天將。殿內神像均為明代所鑄銅像。此外，位於道觀內東北角塔院內，還有一座造型為八角形，三蹭磚石結構的古塔，名為羅公塔，也稱真人塔。

　　此塔是道教塔中的精品，也是清代前期大型石刻藝術品，建於公元一七二五年。塔為石質，通高約十公尺，形似亭閣，但又有所不同，底為一仰蓮須彌座基台，上建八角形塔身，塔身上覆三重檐屋頂，星檐的椽子，飛頭，瓦隴，脊獸，隔扇窗等，雕刻得與木結構形制相同，還雕有道教象徵八卦的圖案。用藏傳佛教寺廟常用的密疊斗拱作裝飾，塔頂用小八角亭式，上

冠以大圓珠，與一般佛塔的塔剎又不相同。千年宮觀，僅此一塔，可見它的珍貴。

■白雲觀的羅公塔

　　塔前原來供有羅公像的「羅公前殿」和「白雲觀重修碑」、「羅真人道行碑」、「粥場碑記」、「雲溪方丈功德碑」四塊石碑，現在僅存羅公塔。

　　這位羅公為江西人，在康熙年間來京，常住白雲觀，公元一七二七年逝世，被雍正帝敕封為「恬淡守一真人」。

　　民間傳說他創造了剃頭理髮的工具和按摩術，傳入皇宮後得到雍正帝的讚賞，舊時理髮行業尊奉羅真人為祖師爺。

■雍正帝（公元一六七八年至一七三五年），清世宗愛新覺羅‧胤禛，滿族，是清朝第
五位皇帝，入關後第三位皇帝，康熙帝的第四子，母為孝恭仁皇后。公元一七二二年至
一七三五年在位，在位時期，實行「改土歸流」、「火耗歸公」與「打擊貪腐」等一系
列鐵腕改革政策，對康乾盛世的連續具有關鍵性作用。

除羅公塔外，現存白雲觀的後院還有一個清幽雅靜的花園，名雲集園，
又稱小蓬萊。

進入現代，古老的白雲觀已成為首都北京的一大名勝，以其獨特的魅力
吸引著海內外眾香客遊人。每年春節的民俗廟會，更是遊人如織，熱鬧非凡。
白雲觀已成為人們瞭解中國道教文化與傳統習俗的重要窗口。

蓬萊位於膠東半島最北端，是山東省管轄的縣級市。瀕臨渤、黃二海，
東臨煙台，南接青島，北與天津、大連等城市及朝鮮半島隔海相望。蓬萊自
古就被譽為「人間仙境」，八仙過海的傳說就發生在這裡。

公元二〇〇一年六月二五日，白雲觀作為清代古建築，被中國國務院批
准列入第五批全國重點文物保護單位名單。

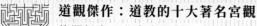
【閱讀連結】

據說，這王常月初當住持時，由於道觀內道士很少，他便每次燒香時默默禱告，乞求各路的神仙來保佑他。也許是他的誠心感動了神仙，於是，八仙也下來凡間幫助他。

當時，呂洞賓在白雲觀當知客，韓湘子當知隨，張果老當大殿主，曹國舅當化主，藍采和當巡察，鐵拐李在廚房當大火頭，人們聽說後，都想來道觀中見識這些神仙，於是白雲觀的香火也就一天比一天旺盛了。

東嶽神府　泰山岱廟

　　岱廟舊稱東嶽廟或泰山行宮。位於山東泰安市區北，泰山南麓。它是泰山最大、最完整的古建築群，也是寺廟建築中規格最高的，為道教神府，是歷代帝王舉行封禪大典和祭祀泰山神的地方。

　　封禪，封為「祭天」，禪為「祭地」，是指中國古代帝王在太平盛世或天降祥瑞之時祭祀天地的大型典禮。它是古代統治者舉行的一種祭祀天地的禮儀。古人認為群山中泰山最高，為「天下第一山」，因此人間的帝王應到最高的泰山去祭過天帝，才算受命於天。此項禮儀起源於上古的夏商周三代。

　　此廟創建歷史悠久，始建於漢代，至唐代時已殿閣輝煌。其建築風格採用帝王宮城的式樣，廟宇巍峨，宮闕重疊，氣象萬千。它與北京故宮、山東曲阜三孔、承德避暑山莊，並稱為中國四大古建築群。

▎秦漢時為帝王舉行祭典而建

■岱廟北門

　　泰山地處華北大平原的東部，山東省中部，總面積約兩千平方公里。它的主峰是玉皇頂，海拔一千五百四十五公尺。因其優越的地理位置，從古至今便被人們譽為「五嶽之首」、「五嶽獨尊」。它雄偉壯麗，風光旖旎，歷史悠久，文物眾多，既是中華民族的象徵，又是中國歷史文化的局部縮影。

■《東嶽大帝回鑾圖》局部

在這樣的一座蘊涵著華夏民族歷史文化的山上，有一座專供中國歷代封建帝王舉行封禪大典和祭祀泰山神的場所，這便是舊稱「東嶽廟」，又叫泰廟，主祀「東嶽泰山之神」的岱廟。

據說，這座寺廟的創建歷史非常悠久，西漢史料始有「秦即作畤，漢亦起宮」的記載，隨著泰山神信仰的逐步增大，岱廟的規模也日益增大。在現存的泰山岱廟中，有許多當時留下的文物古蹟。

現存的岱廟城堞高築，周長一千五百公尺，高十公尺，四周有八個門，向正南開的共五個。中為正陽門，正陽門兩側為掖門，東掖門名為炳靈門，西掖門名為延禧門，掖門兩側東為仰高門，又稱東華門。西為見大門，又稱西華門，意思就是說仰望泰山之高，目睹泰山之大。

其中，在正陽門外，有個叫「遙參亭」的二進院落，據說是秦漢時期最早建立的大殿，現在是岱廟的前庭，也是進入岱廟的第一建築群。

這裡的「遙參」也有遙遙祭拜的意思。古代帝王每逢來泰山舉行封禪和祭祀大典時，都先要在這裡舉行簡單的參拜儀式，以表示對泰山神的虔誠。因此，此亭在古時又稱「草參亭」。現在的名字是公元一五三四年，由山東參政呂經升任副都御史，臨行前修改的，一直沿用至今。

　　岱廟現存的遙參亭為過亭式院落，東西寬五十二公尺，南北長六十六點二公尺，總面積三千四百四十二點四平方公尺。主要由南山門、儀門、正殿、方亭、北山門等建築群組成。院中正殿五間，建在院中心長方形台基上面，寬十點八公尺，進深七點七五公尺，通高七點九公尺，為四柱五梁、九脊單檐歇山式，黃瓦蓋頂。正殿內供奉的是碧霞元君塑像，兩側為東西配殿各兩間。

　　儀門，舊時官衙，即府第的大門之內的門，也指官署的旁門。在古代，「衙門」或「官邸」轅門內具有「威儀」點綴的正門，稱為儀門。有的旁門也借稱「儀門」。有的後門也可以稱為「儀門」。明代和清代的官署、邸宅大門內的第二重正門。儀門一稱取自於孔子的第三十二代孫孔穎達的《周易正義》中的：「有儀可像」之句而得名。

　　這些建築群體依次坐落在通天街至岱廟的軸線上，正殿左右置配殿及廂房，其中軸線與岱廟中軸線一致。

　　岱廟內的遙參亭是一組獨立的建築，但與岱廟在內涵上又是統一的，由於它的存在，把岱廟神祕而莊嚴的氣氛烘托得更加濃厚。這種既獨立又統一的建築風格，不僅在五嶽中獨樹一幟，在中國現存古建築中也是不多見的。

　　另外，此亭在唐代又曾被叫做「遙參門」，為此，民間又有「參拜泰山神，先拜遙參門」之說。

　　穿過遙參亭，迎面而立的「岱廟坊」是公元一六七二年山東布政使施天裔創建。坊高十二公尺，寬九點八公尺，深三公尺，為四柱三門式。坊起三架，重梁四柱通體浮雕。

　　四柱前後流通墩上雕有八個石獅，姿態各異；重梁四柱刻有「丹鳳朝陽」、「二龍戲珠」、「群鶴鬧蓮」、「天馬行空」等二十餘組形象逼真的祥禽瑞獸和各式花卉紋樣。整座石坊造型別緻，刻鏤透細不凡，為清代石雕藝術中之珍品。

　　祥禽瑞獸，中國早期祥禽瑞獸是以「龍」、「鳳」或「麒麟」、「鳳凰」最為出名。其中，「麒麟」作為瑞獸與「鳳凰」對舉，似乎只是從戰國文獻

才出現。據《爾雅》、《說文解字》等書中記述，「麒」、「麟」和「鳳」、「凰」都是同一種動物的雌雄二體。

除了遙參亭以外，岱廟內還有眾多從秦漢時期遺留下來的古碑和石刻。這些碑刻幾乎集中國古代書法之大成，上追晉代「二王」王羲之和王獻之，下承宋朝「四大家」蘇軾、黃庭堅、米芾和蔡襄。字體真草隸篆，體例俱全；顏柳歐趙，風格各異，具有很高的歷史文物價值和書法藝術價值。

其中，最為著名的有在現代挖掘出土的四十八塊漢畫像石。這

■岱廟內《張遷碑》石刻

些漢畫像石，內容豐富，取材廣泛，有的反映車馬出行、樂舞百戲等社會生活，有的描述神話故事，也有反映歷史人物的。畫面圖案工整，造型生動。在雕刻技法上，把中國傳統的畫技同線刻、浮雕糅合一體，體現出古拙質樸、雄健壯美的特點，是研究中國古代文化藝術和東漢社會生活的重要實物資料。

■岱廟內古碑

■秦始皇嬴政（公元前二五九年至公元前二一〇年），嬴姓趙氏，故又稱趙政，漢族，生於趙國首都邯鄲。首位完成中國統一的秦朝的開國皇帝，秦莊襄王之子，十三歲即王位，三十九歲稱皇帝，在位三十七年。把中國推向了大一統時代，為建立專制主義中央集權制度開創了新局面。明代思想家李贄譽其為「千古一帝」。

此外，寺內還有一方馳名中外的「名山刻石之祖」《泰山秦刻石》，上面鐫刻的是秦始皇功德銘和秦二世詔書。詔書內容為丞相李斯書寫，他以簡練秀雅的小篆代替了當時筆畫繁贅的大篆，字跡剛勁挺拔，一掃眾家肥呆之氣。碑文共兩百二十二字，後漸泯滅，至明嘉靖年間尚存二十九字。原立在岱廟頂峰的玉女池旁，後經滄桑沉淪，幾次失而復得，現在唯剩下十個殘字，完整者七個。堪稱為稀世之寶，被列為國家一級文物。

【閱讀連結】

泰山的岱廟最早起源於古人對泰山的崇拜。後來經過不斷傳播，發展成影響全國的信仰。隋唐以後，凡是有泰山信仰的地區幾乎無不建有東嶽廟，所以歷史上有「東嶽之廟，遍於天下」的說法。

特別是唐玄宗封禪泰山告成後，首封泰山神為「天齊王」，對全國各處修建東嶽廟造成重大推動作用。許多碑記都記載全國郡縣普建東嶽廟始於盛唐封禪。如元孟淳《長興州修建東嶽行宮記》曰：「自唐封禪，郡縣咸有之。」

▌宋真宗親自下詔擴建岱廟

公元一〇〇八年，宋、遼在澶淵交戰，宋真宗雖大勝遼軍，卻簽訂了由宋朝送給遼以歲幣銀十萬兩，絹二十萬匹，換得遼軍撤走的屈辱條約，歷史上稱為「澶淵之盟」。

澶淵，古湖泊名。也叫繁淵。故址在今河南濮陽縣西。春秋衛地，《春秋》襄公二十年，即公元前五五三年：晉齊等諸侯「盟於澶淵」，即此。

宋真宗為了平息朝野的怨憤之情，鞏固其統治地位，他採納了副宰相王欽若策謀「天降詔書」的騙局。於同年十月率領群臣，車載「天書」來到泰山，舉行了隆重的答謝天恩告祭大禮，並定於每年六月初六為「天貺節」。

宋真宗封禪泰山以後，龍顏大悅，為了感謝「天書」，在告祭大典的第二年，下詔大規模地擴建岱廟。據《重修泰岳廟記碑》所載，經過此次擴建後，此廟有「殿、寢、堂、門、亭、庫、館、樓、觀、廊、廡八百一十有三楹。」

■宋真宗（公元九六八年至一〇二二年），宋朝第三位皇帝，名趙恆，宋太宗第三子，公元九九七年繼位，公元一〇二二年崩，享年五十五歲，在位二十五年。在其統治時期治理有方，北宋的統治日益堅固，國家管理日益完善，社會經濟繁榮，北宋比較強盛，史稱「咸平之治」。

在岱廟內現存的古蹟中，中軸線最為著名的建築正陽門、配天門、仁安門、天貺殿和後寢三宮，據說就是在宋真宗時期始建的。岱廟的正陽門位於遙參亭的岱廟坊之後，是進入岱廟的第一正門，兩扇朱紅大門，門上鑲有八十一個鐵製饅釘，象徵著岱廟的尊嚴，古時候只有帝王才能從此門進入。由於此門始建時間久遠，到中華人民共和國成立時，此門已是裂痕斑斑，門上方的城樓也均被歷史的風雨吹打得煙消雲散。

■岱廟內的正陽門

　　為此，中國文物管理者們於公元一九八五年按照宋代建築風格重新修建了此門。現存的正陽門門高八點六公尺，上面的城樓高十一公尺，共五間，為九脊單檐歇山頂。二十四根四方明柱四周鑲嵌著條櫺隔，上面覆蓋黃色琉璃瓦，檐下斗拱出三翹四，墨線大點金彩繪，額枋金龍飛舞，遠遠望去翹檐翼然，翩翩欲飛。

　　斗拱是中國建築特有的一種結構。在立柱和橫梁交接處，從柱頂上的一層層探出呈弓形的承重結構叫拱，拱與拱之間墊的方形木塊叫斗。兩者合稱斗拱。出三翹四則是對角梁的做法。

　　從正陽門進去，便是始建於北宋大中祥符二年，也就是公元一〇〇九年的配天門。此門取孔子的「德配天地」而命名，是現存岱廟的第二道大門。

　　配天門面闊五間，進深三間，單檐歇山式建築，殿內原祀青龍、白虎、朱雀、玄武四方星宿。兩側原有配殿，東為「三靈侯殿」，殿內供奉著周朝

諫官唐宸、葛雍、周武三人。相傳，宋真宗東封時，在南天門見三神人，便為此加封為「三靈侯」，後來建於此殿中供奉。現存的配天門內的神像早已被毀，在殿中間陳列有泰山石上刻《泰山石敢當》。

諫官是中國古代官職之一，又稱「諫臣」，是對君主的過失直言規勸並使其改正的官吏。諫官的設置比監官早。春秋初年齊桓公設大諫，為諫官設置之始。晉國的中大夫、趙國的左右司過、楚國的左徒，都屬於諫官性質。

■岱廟內的配天門

創建於北宋大中祥符年間的仁安門是現存岱廟的第三道門，此門取孔子語「仁者安仁」而命名，意思就是說：以仁義治理天下，天下則安。

現存的仁安門於元代重建，建築結構與配天門雷同，殿內原祀天聾、地啞之神，兩側有東西門神。

大殿內門中的「天下歸仁」四個大字是採用唐明皇李隆基所寫《紀泰山銘摩崖》石碑上的字，四側迴廊是公元一九九九年重修恢復元以前的形式，匾額由中國建築學家陳從周所題。

配天門的西側有碑碣二十塊，最著名的是《宣和碑》和《祥符碑》，雙碑高大雄偉，東西對峙，龜趺螭首，氣勢非凡，為岱廟現存兩大碑碣。

　　龜趺指碑的龜形底座。龜趺又名贔屭、霸下，中國古代一些顯赫石碑的基座都由霸下馱著。螭為古代傳說中的一種動物，屬傳說中的蛟龍類。龍為炎黃子孫最崇拜的神獸，把它裝飾在碑頭上成為螭首，碑的身價就變得更為高貴。

　　配天門西南方的「唐槐院」，原有「大可數抱，枝幹蔭畝許」的唐槐，民國年間，由於戰亂，古槐備受摧殘，漸漸枯死。公元一九五二年，岱廟住持尚士濂又在枯槐干中植小槐一株，並取名「唐槐抱子」。如今新槐已成大樹，扶疏郁茂，又成為岱廟一大佳景。

　　唐槐之東原有延禧殿、藏經殿、環詠亭、雨花道院，皆毀於民國年間。公元一九八四年，在藏經堂舊址上新建仿古文物庫房四十八間，內藏泰山歷代珍貴文物四千餘件，古書籍三千餘冊。

■岱廟內龜趺螭首的石碑

　　在仁安門的後面，是和配天門在同一時期修建的天貺殿，它是現存岱廟的主體建築，為東嶽大帝的神宮。

　　此殿又叫峻極殿，建於長方形石台之上，三面雕欄圍護，東西長四十三點六七公尺，南北寬十七點一八公尺，高二十二點三公尺，殿闊九間，進深四間。重檐八角，斗拱飛翹，上覆黃琉璃瓦，檐間懸掛「宋天貺殿」的巨匾，檐下八根大紅明柱。

柱上有普柏枋和斗拱，外槽均單翹重昂三跳拱，內槽殿頂為四個復斗式，餘為方形平棋天花板。

整座大殿欒櫨疊聳，雕梁彩棟，貼金繪垣，丹牆壁立，峻極雄偉，雖歷經數朝，古貌猶存。它同北京故宮的太和殿、曲阜孔廟的大成殿並稱中國古代三大宮殿式建築。

天貺殿內供奉泰山神即東嶽大帝。此神像面容肅穆，氣氛莊嚴。像高四點四公尺，頭頂冕旒，身著袞袍，手持圭板，儼然帝君。民間傳說此神為黃飛虎。

冕旒專指皇冠。中國古代帝王戴的皇冠，其頂端有一塊長形冕板，叫「延」。延通常是前圓後方，用以象徵天圓地方。延的前後檐，垂有若干串珠玉，以綵線穿組，名曰：「冕旒」。據說，置旒的目的是為了「蔽明」，意思是說，一個身為領袖的人，必須洞察大體而能包容細小的瑕疵。

《封神演義》中，姜子牙奉太上元始天尊敕命，封屢樹戰功的武將黃飛虎為「東嶽泰山天齊仁聖大帝」，命他總管天地人間的吉凶禍福。

■岱廟天貺殿

東嶽大帝神像上懸清康熙皇帝題「配天作鎮」匾，門內上懸乾隆皇帝題「大德日生」匾。像前陳列明、清銅五供各一套及銅鼎、銅釜、鹵簿等。

鹵簿指中國古代帝王駕出時扈從的儀仗隊。他們是中國封建社會帝王制度的重要的組成部分。是專門也是直接為帝王的重大活動服務的。鹵簿在漢代已經出現，由於帝王出行的目的不同，儀式也各有別。自漢代以後亦用於后妃、太子、王公大臣。唐制四品以上皆給鹵簿。

殿內東、西、北牆壁上繪有巨幅壁畫，名《泰山神啟蹕回鑾圖》，長六十二公尺，高三點三公尺，描繪泰山之神出巡的盛況。東半部是出巡，西半部是回鑾。整個畫面計

■岱廟天貺殿內景

六百七十五人，加以祥獸坐騎、山石林木、宮殿橋涵，疏密相間，繁而不雜，是中國道教壁畫傑作之一。

此外，大殿東次間還有明代銅鑄「照妖鏡」一架，原在遙參亭，公元一九三六年移此。

現存的天貺殿前寬闊的大露台分上下兩層，中間是明萬曆年間鑄造的大香爐。露台兩側各有一座御碑亭，內立乾隆皇帝拜謁岱廟的詩碑。

　　露台下古柏相夾的甬道向南延伸，盡頭是一個方形石欄小池，俗稱「閣老池」。皇帝舉行大典參拜泰山神時，群臣就恭候在這裡。池內及周圍九塊姿態怪異的太湖石是公元一二〇九年泰安縣令吳銜與其母王氏所獻。每塊石頭各具特色，仔細觀賞耐人尋味。

　　甬道中間有一玲瓏石卓然而立，名為「扶桑石」。據說此石從東海運來，東方是日出之地，有神木扶桑，亦有扶桑之國。此石還有一個俗名為迷糊石，以石洞為中心將雙眼閉死，繞石頭正轉三圈反轉三圈，然後往北走，去摸天貺殿旁的一棵古柏的樹心，摸到的人泰山神會賜予他大福大貴。

■岱廟內香爐

　　扶桑石北面有一株古柏獨立階下，名為「孤忠柏」。民間傳說唐朝女皇帝武則天懷疑自己的兒子也與大臣石忠謀反，便將其殺害，石忠冤魂不散，便來到東嶽大帝前告武則天滅子之狀，從而化為孤柏。

　　冤魂通常指枉死的人的靈魂。若一個人生前遭人誤會、冤枉而被殺或自盡，死後不能投胎轉世，便會在陽間徘徊，或尋找好心人替自己申冤，或直

接對害死他的人進行報復。在民間迷信中，冤魂的念力和怨氣都比一般的鬼要強。

這些富有浪漫色彩的傳說固不可信，卻顯示了泰山悠久的歷史和文化的發達。

天貺殿兩側原有環廊百間，與仁安門兩側的東西神門連接，內繪十殿閻羅、七十二司。東廊中間有鼓樓，西廊中間有鐘樓，均毀於清末。公元一九八二年後，陸續重建環廊與鐘樓。現存的東廊內陳列歷代碑刻，自北而南有公元一九塊，西廊內陳列漢畫像石四八塊。殿前院，還有《宋封祀壇頌碑》、《金重修東嶽廟碑》等石碑。

天貺殿後面是後寢三宮，中為正寢宮，又稱中寢宮，面闊五間，兩邊為配寢宮，各三間。

■武則天（公元六二四年至七〇五年），是一位女詩人和政治家，也是繼位年齡最大、壽命最長的皇帝之一。唐高宗時為皇后，尊號為天后，與唐高宗李治並稱二聖，公元六八三年十二月到六九〇年十月作為唐中宗、唐睿宗的皇太后臨朝稱制，後自立為武周皇帝。

公元一〇一二年，宋真宗詔封泰山神為「天齊仁聖帝」後，考慮到還缺個皇后，便於同年封了一個「淑明后」，並為這位皇后修建了後寢三宮，隨從和嬪妃則居住在配寢宮。

【閱讀連結】

在天貺殿內牆上的那幅巨大壁畫，表現泰山神出巡的宏大場面，關於它的來歷，還有這樣一個故事：

話說泰安縣令接到宋真宗皇帝擴建岱廟的聖旨後，首先命人修好了大殿，可是，宋真宗還要求縣令在大殿中畫上壁畫。縣令把附近有名的畫師都找來了，讓他們設計出草稿請皇上審定，結果反反覆覆送了五六次，真宗仍是不滿意，並下旨道：十天之內不設計出好的畫樣，就拿縣令問罪。

最後，縣令的夫人給縣令出主意，讓畫家們畫出皇上來封禪時的情景，於是，畫家們畫好稿子，把稿子送到了縣令手中。縣令呈給宋真宗，果然贏得了皇上的歡心。於是，岱廟就有了這樣氣勢宏偉的壁畫。

▋寺內現存的其他文物古蹟

泰山岱廟始建於秦漢，擴建於唐宋，其後，金、元、明、清歷代對岱廟均有重修，但基本上均保持了宋代擴建後的規模。

從形成至今，岱廟歷經千年滄桑，飽受火災戰亂之害，尤其在民國時期，更是遭受巨大破壞，古建損毀嚴重。

公元一九八六年泰安市博物館成立之後，在各級政府及上級文物部門的支持下，政府投入大量資金，加大了文物保護、利用、管理的力度，分別於公元一九八一至一九八二年、公元一九八七年、公元一九九四年、公元一九九七至一九九八年等時間，修復了寺內的鐘樓和鼓樓，以及天貺殿兩側東西廊房；並重建了寺內配天門、仁安門；恢復三靈侯殿、太尉殿、東西神門及仁安門東西兩側的復廊；復建延禧門，使岱廟再次形成了規模宏大的建築群。

廊房指廳堂周圍的房舍。自明永樂十八年（公元一四二〇年）建都北京，就在皇城四門、鐘鼓樓等地方，修建了幾千間民房和鋪房，召民、商居住或居貨，這些配房均稱為廊房。明代官員高明的《琵琶記·兩賢相遘》一書中稱：「小人管許多廊房，並沒有這個人。」

■泰山岱廟中的古老石碑

　　現存的岱廟南北長四百零五點七公尺，東西寬兩百三十六點七公尺，呈長方形，面積為九點六萬平方公尺。岱廟的建築，採用了中國古代縱橫雙方擴展的形式，總體布局以南北為縱軸線，劃分為東、中、西三軸線。

　　東軸前後設漢柏院、東御座、花園；西軸前後有唐槐院、環詠亭院、雨花道院；中軸前後建有正陽門、配天門、仁安門、天貺殿、後寢宮、厚載門。

　　主體建築天貺殿位於岱廟內後半部，高踞台基之上，其他建築則設在中心院落之外，彼此獨立，又有內在聯繫。

■岱廟內炳靈門

　　這種建築布局是按照宗教的需要和宮城的格局構思設計的，形成分區鮮明，主次有序，莊嚴古樸的獨特風格，並透過建築空間的變幻，在莊重、肅穆和幽深、雅樸的相互滲透中相映成趣，完整一體。廟中巍峨的殿宇與高入雲端的南天門遙相呼應，給人以置身泰山之中的優美感。

　　現存岱廟東軸線的漢柏院內原有「炳靈殿」，毀於民國年間，院門上的匾額上寫著「炳靈門」三個大字。院中五棵高大的古柏，枝椏交錯，形如虯龍蟠旋，相傳為漢武帝於公元前一一〇年封禪泰山時所植，距今已有兩千多年，「漢柏院」由此得名。

　　虯龍中國古代傳說中的有角的小龍。屈原《天問》中稱「虯龍負熊」。宋《瑞應圖》中稱「龍馬神馬，河水之精也，高八尺五寸，長頸骼，上有翼，修垂毛，鳴聲九音。有明王則見。」虯龍則是傳說中的瑞獸，還稱「神馬」，「馬八尺以上為龍」，「兩角者虯」。

■漢武帝劉徹（公元前一五六年至公元前八七年），漢朝的第七位皇帝，傑出的政治家、
　策略家。七歲時被冊立為皇太子，十六歲登基，在位五十四年，開疆拓土，擊潰匈奴、
　東並朝鮮、南誅百越、西越蔥嶺，征服大宛，奠定了中華疆域版圖。

　　此院的北面本是一座炳靈宮，供奉著泰山神的三太子炳靈王，原宮於公
元一九二九年毀於戰火，公元一九五九年在炳靈殿舊址建起漢柏亭。亭子建
立在三層石砌的高大台基上，十分壯觀。台基壁上鑲嵌乾隆五十九年，即公
元一七九四年泰安知縣何人鱗所書杜甫的《望岳》和《秋興》等名人詩刻。
登上亭子極目四望，泰城全貌盡收眼底。

　　此外，漢柏院內碑碣林立，約計九十餘塊。其中有後人隸書的東漢張衡
的《四愁詩》、三國曹植的《飛友篇》，有後人篆書陸機的《泰山吟》、謝

靈運的《泰山吟》以及宋朝大書法家米芾《第一山》、明崇禎年間陳昌言、
左佩鉉 題篆的《漢柏圖贊》、乾隆皇帝御製的《漢柏圖》和當代眾多名人留
下的墨跡。

■岱廟內的東御座

　　由漢柏院向北行，穿過幽靜的小花園進入一個小巧玲瓏的四合院。這裡
是古帝王祭祀泰山時居住的地方，因坐落在東華門內，所以被稱為「東御
座」。其建築為公元一三四七年所建，明代稱「迎賓堂」，公元一七七〇年，
改稱「駐蹕亭」。

　　東御座由長城花門、儀門、大門、正殿和廂房組成，五間正殿高築台基
之上，殿內正中是皇帝來時休息的地方。中間是龍椅，兩邊的紅木家具是從

民間收集來，按清朝時的原樣陳列的，家具上有用象牙骨頭貝殼鑲嵌的人物及花卉紋飾。

台基又稱基座，指台的基礎。在建築物中，是高出地面的建築物底座。用它來承托建築物，並使其防潮、防腐，同時還可以彌補中國古建築單體建築不甚高大雄偉的欠缺。大致有普通、較高級、更高級和最高級四種。

在殿內抱柱上有一幅清乾隆皇帝的詩聯：

唯以一人治天下

豈為天下奉一人

■岱廟內石亭

橫匾為：

勤政親賢

意思就是說天下要有一個人來統一治理，但天下不能僅供奉他一人，皇帝要勤於政事，親近賢明。

殿內東為書房，西為臥室。岱廟內共存有文物一萬多件，其中一級文物一百三十八件，以祭器為主。乾隆皇帝獻給泰山神的祭器中，有「溫涼玉雕花圭」、「沉香獅子」和「黃地蘭花瓷葫蘆」，這三件是乾隆二十七年（公元一七六二）、三十六年（公元一七七一）朝拜泰山時的供品，並稱泰山「鎮山三寶」，都是一級文物。

■乾隆皇帝（公元一七一一年至一七九九年），愛新覺羅‧弘曆，清朝第六位皇帝，定都北京後第四位皇帝。年號乾隆，寓意「天道昌隆」。二十五歲登基，在位六十年，退位後當了三年太上皇，實際掌握最高權力長達六十三年，是中國歷史上執政時間最長、年壽最高的皇帝。

　　此外，在岱廟後院的東西兩側，還有兩處惹人注目的古蹟，東為銅亭，西為鐵塔。

銅亭又名「金闕」，鑄於明萬曆四十三年（公元一六一五年），由萬曆皇帝遣人鑄造，是中國現存的幾座銅亭中最小的一座。銅亭四周有的門窗是仿木結構，頂有鎏金，重檐九脊歇山式，最初放置於山頂碧霞祠內。明末李自成義軍經過泰山時見此亭發著金光，誤認為是金鑄的，把它拆開後移於山下，後發現是銅鑄，便沒有帶走，將其置於碧霞元君的下廟靈應宮內。公元一九七二年將其移到岱廟內加以保護。

李自成是明末農民起義領袖，他於崇禎二年，即公元一六二九年起義，後為闖王高迎祥部下的闖將，勇猛有識略。公元一六四三年在襄陽稱新順王；同年，他在河南汝州殲滅明陝西總督孫傳庭的主力，旋乘勝進占西安。李自成所領導的隊伍，稱為李自成義軍。

該亭以仿木結構形式裝配而成，顯示了中國古代精湛的冶鑄工藝，它和北京頤和園萬壽山的銅亭，雲南昆明鳳鳴山的銅亭並稱中國三大銅亭。

頤和園是中國現存規模最大、保存最完整的皇家園林。此花園以杭州西湖風景為藍本，汲取江南園林的某些設計手法和意境而建成的一座大型天然山水園，也是保存得最完整的一座皇家行宮御苑，被譽為皇家園林博物館。

■岱廟內鐵塔

　　西側的鐵塔為明嘉靖年間鑄，造型質樸雄偉，原有十三級，立於泰城天書觀，抗日戰爭中被日軍飛機炸毀，僅存三級，公元一九七三年移於此處。

　　岱廟的最後一重門厚載門，取意「天以高為尊，地以厚為德，大地能載九皇之德」之意，從此門出去往北就是步行登泰山的古盤道，岱廟到山頂九公里，台階約有六千八百一十一級。

　　總之，岱廟不僅是泰山文物最集中的地方，也是一座賞心悅目的古典園林，這裡的每一處建築都體現著中國古代建築藝術的風采，每一件文物都反映了泰山的文明發展。可以說，它是一座融建築、園林、雕刻、繪畫和祖國傳統於一體的古代藝術博物館。

【閱讀連結】

　　小昭寺還是藏傳佛教格魯派密宗最高學府之一，著名的拉薩上密院，也設在小昭寺內。這是格魯派僧人研讀佛經頗有成績的喇嘛進一步深造、修習密乘的地方，上密院堪布兼任小昭寺主持。

　　另外，在一般情況下，大昭寺和小昭寺內，都是不允許拍照和錄影的，參觀整個小昭寺約需一小時。

中州祠宇之冠　嵩山中嶽廟

中嶽廟位於嵩山東麓黃蓋峰下。面對玉案山，背依黃蓋峰，東有牧子崗，西有望朝嶺，坐北向南，建在由低到高的山坡上，是中州地區最大的一座廟宇，也是五嶽中現存最古老、最龐大的古建築群。

此廟的前身是東周所建的太室祠，至今已有兩千七百六十多年的歷史，是歷代帝王或年夜、臣封禪或祭奠中嶽嵩山的場所。現存廟宇的整個布局是清代乾隆皇帝遊嵩山時下令按照北京故宮的形式布局的，當地有「小故宮」之稱。

▌為紀念王子晉始建的太室祠

事情還要從中國東周時期說起，在當時，有一位叫姬泄心的皇帝，是東周的第十一代國王。他在位二十七年，本來是一個非常平庸的帝王，但是他的兒字姬晉卻是一個非常神話的人物，這是為什麼呢？

■登封嵩山中岳廟

話說，這姬晉是姬泄心的長子，因為從小被立為太子，所以人稱太子晉。

■中嶽廟山門前建築

　　當太子晉長到十四歲時，有一天，他對他的僕人說：「我再過三年，就要上天到玉帝之所。」

　　三年後，太子晉果然因病去世。他的死神奇地驗證了他的預言，正因為如此，民間逐漸將他傳說成為一位神仙人物。

　　傳說，太子晉喜歡吹笙，聲音好像是鳳凰在唱歌，他還喜歡遊歷於伊水和洛水之間。他死後，當時嵩山有個道士叫浮丘公，將他的屍體接到了太室山，也就是後來的嵩山。三十多年之後，一個名叫桓良的人遇見太子晉，太子晉對他說：「請你轉告我的家人，七月七日與我在緱氏山相會。」

　　緱氏山在周時又稱「撫父堆」，位於河南省洛陽東南的偃師市府店鎮南，離嵩山距離不遠。它的出名確是因了兩位神仙的緣故。一位就是大名鼎鼎的西王母，據說她曾在緱山修道。因為她姓緱，所以該山名緱氏山，後來簡稱緱山。另一位就是王子晉。

　　到了那一天，太子晉乘坐著白鶴出現在緱氏山上盤旋，並向下面的人揮手。幾天之後，太子晉又當著大家的面揮手與大家作別，升天而去。

■張道陵字輔漢，生於江蘇徐州豐縣，是張良的八世孫。他是道教的創始人，被尊為第一代天師，人稱張天師。相傳，他在鶴鳴山修道傳教時，恰逢地方瘟疫肆虐，為拯救村民，他將自創研製出祛病健體的神祕草藥配方免費發給大家治病，得到人們的愛戴，並因此而揚名天下。

於是，後人為了紀念這位太子，在緱氏山和嵩山的山頂上分別修建了兩座神祠，其中，位於嵩山的這座神祠取名為太室祠，這祠堂便是嵩山中嶽廟的前身。

這座祠堂建好了以後，道教創始人張道陵在這裡修道九年。南北朝時，又有著名道士寇謙之在此地改革「五斗米道」，創立了「新天師道」。

在現存中嶽廟的第七進建築峻極門東側，還有一塊名為《中嶽嵩高靈廟碑》，據說就是在南北朝時期刻立的。碑文記載了寇謙之復修中嶽廟和傳道的事跡，是中國關於這位名道最早的記錄。

此碑是嵩山地區最古老的一通石碑，碑高為二點八二公尺，由整石雕成。碑文傳為嵩著名道士寇謙之所書。字體結構嚴整，筆調樸實健捷，仿似漢碑古制，是研究魏書書法和中嶽廟宗教歷史的極其珍貴的實物資料。現在字跡已大部剝落，僅存首尾數百字。

寇謙之傳道修寺之後，歷代又有不少知名道士在這裡主持過道場。峻極門東側還有《五嶽真形圖碑》，這一高三公尺的碑石雕刻著象徵五嶽的圖像，為明代萬曆年間所刻立。據道教經典《雲笈七籤》說，五嶽真形圖是道士入山闢邪的護身符，一切妖鬼蟲虎都不能近。為此，現在河南省的道教協會就設在中嶽廟，每年農曆三月和六月廟會熱鬧非凡，這一習俗至今不衰。

此外，在現存中嶽廟中華門北有一座八角重檐亭，名為「遙參亭」，這便是古代過往行旅拜謁太子晉和岳神的地方。此停檐坊和雀替上面透雕戲曲故事，形象優美，精巧異常。

■中岳廟內的石碑

【閱讀連結】

　　中嶽廟上的五嶽真形圖上，五嶽的形圖各有特點，彼此形象表明什麼，歷來說法不一。

　　有的說，五嶽圖是表示五嶽形狀的，東嶽泰山形體龐大，如巨人端坐，老態龍鍾，肅穆威嚴，因有「泰山如人坐」之說；西嶽華山形體陡峭奇險，壁立如削，因有「華山如壁立」之說；南嶽衡山形體如鳥翼，光澤秀美，騰空而飛，因有「衡山如鳥飛」之說；北嶽恆山，高峻谷深，飛嶺縱橫，如猿

攀躍,因有「恆山如猿行」之說;中嶽嵩山形體如人臥,外觀奇偉,內含奧妙,因有「嵩山如人臥」之說。

也有人說,五嶽是「四象」和土神的形象表示。東嶽圖繪的是青龍,西嶽圖繪的是白虎,南嶽圖繪的是朱雀,北嶽圖繪的是玄武,中嶽圖繪的是廟內住土神。如此等等,眾說紛紜。但究竟表明的是什麼?還有待研究。

漢武帝命祠官增建太室神祠

■軒轅帝又名黃帝,是中華民族的始祖,中國遠古時期部落聯盟首領。他播百穀草木,大力發展生產,始製衣冠,建造舟車,發明指南車,定算數,制音律,創醫學等,在此期間有了文字。因為在他統治期間,中國中土的土地是黃色的,所以稱為黃帝。

公元前一四一年，漢朝的第七位皇帝，也就是劉徹登基，他便是後來的漢武帝。

這位皇帝上任以後，他開疆拓土，擊潰匈奴，東並朝鮮，南誅百越，西越蔥嶺，征服大宛，奠定了中華疆域版圖。

匈奴是歷史悠久的北方民族，祖居在歐亞大陸的遊牧民族，他們披髮左衽，由古北亞人種和原始印歐人種的混合。中國古籍中講述的匈奴是在漢朝時稱雄中原以北的一個強大的遊牧民族，前二公元一五

■中嶽廟古老的廟門

年被逐出黃河河套地區，歷經東漢時分裂，南匈奴進入中原內附，北匈奴從漠北西遷，中間經歷了約三百年。

由於他對中國的統一做出了巨大的貢獻，為此，當他在晚年的時候，他希望自己能夠像傳說中的軒轅帝一樣，成為神仙。

西漢元封元年，也就是公元前一一〇年，漢武帝遊覽和禮祭嵩山，當他登上嵩山時，發生了一件奇怪的事：

漢武帝和其隨從的官員在山頂上聽到了山間好像有人在呼「萬歲」的聲音。

其實，這是嵩山的道士們為了博得漢武帝的歡心，投其所好而設的一個騙局。但晚年好大喜功，貪戀長壽的漢武帝聽了以後卻十分高興，於是他便下令叫祠官在太室祠的基礎上增建太室神祠，並禁止周圍的人砍伐太室山上的樹木，還將山下的百畝地封給神祠作為供奉之用。

這樣一來，中嶽廟的地位就一下子提升了。同時，原來叫做太室山的嵩山也被封為「嵩高山」，簡稱「嵩山」，從這時起，嵩山正式與中國原有的四岳並列，稱為「中嶽」。

漢武帝之後，東漢安帝在元初五年，也就是公元一一八年又在嵩山上增建了太室闕，並又對太室祠進行了一番修整，整修之後，來這裡傳道修行的道士便更多了。

在現存中嶽廟的前門中華門外，有兩座四角亭分立於神道的左右。在亭內，還有一塊立於東漢安帝元初的石碑，上面雕刻的是石人翁仲。

■中嶽廟的石人翁仲

據史書記載，翁仲姓阮，為秦朝大將，英勇善戰，死後鑄像於中國秦代宮殿咸陽宮的避馬門外，後來歷代沿用，把鑄刻的無名的銅像、石像都稱為翁仲。

這塊雕像高約一公尺，平頂大臉，腰繫大扣紐帶，古樸大方。雖經風雨侵蝕，但衣著服飾仍很清晰，是研究中國漢代雕刻藝術和衣著服飾的寶貴資料。

【閱讀連結】

中嶽廟中華門前的翁仲，還有個有趣的傳說：

話說，乾隆十五年，即公元一七五〇年，乾隆皇帝遊歷中嶽，隨駕群臣內，有一翰林院大學士，走到翁仲跟前。

乾隆指著翁仲故意問道：「愛卿，這是何人？」

翰林忙答：「仲翁」。

乾隆見其將「翁仲」說成「仲翁」，微微一笑，遂寫了一首打油詩，故意把每一句的後兩字寫顛倒。詩曰：「翁仲為何讀仲翁？可知平時少夫功（功夫）。豈得在朝為林翰（翰林），打到江南作判通（通判）。」

乾隆年間整修後定下布局

位於嵩山的中嶽廟經過漢代時期復修以後，到了北魏，此祠堂經過三次遷移後，正式定名為中嶽廟，從此，此寺廟歸由道教管理。

■嵩山中岳廟玉帝塑像

到了唐代，中嶽廟得到了進一步發展。武則天於公元六九六年登嵩山封中嶽時，加封中嶽神，並改嵩陽縣為登封縣。之後，武氏對中嶽廟的「情」有獨鍾，使它的聲望日漸興盛，八方傳播。

■中嶽廟的牌樓

　　唐開元年間，唐玄宗李隆基又仿照漢武帝加增了太室祠，並且對中嶽廟也進行大力整飾，擴建了殿宇。這樣一來，中嶽廟迎來了它的鼎盛時期，知道它的人也就越來越多了。

　　不過，由於戰亂，經過唐朝重修的中嶽廟並沒有完整地保存下來，廟宇內現存的建築是清初順治至乾隆年間人們模擬當時的北京故宮重修的。

　　現存的中嶽廟廟制基本上保留清代重修以後的規模，中軸線建築共十一進，中華門、遙參亭、天中閣、配天作鎮坊、崇聖門、化三門、峻極門、峻極坊、中嶽大殿、寢殿、御書樓等。從中華門起全長六百五十公尺，面積十一萬多平方公尺，是中嶽嵩山現存宏大、保存較完整的古廟宇建築群。

　　其中，中華門，原名「名山第一坊」，為木建牌樓，公元一九四二年改建為磚瓦結構的原廡殿式牌坊，更名為「中華門」。門額內外分別寫有「依嵩」、「帶潁」、「嵩峻」、「天中」八字，簡要地說明了中嶽廟所處的地理位置。

　　廡殿式也就是廡殿頂式的屋頂，是中國古典建築中屋頂的最高級樣式之一，有一條正脊，四條垂脊，最高級是重檐廡殿頂。由於此屋頂有四面斜坡，

又略微向內凹陷形成弧度，所以又常稱為「四阿頂」，宋朝稱「廡殿」，清朝稱「廡殿」或「五脊殿」。

穿過位於中華門北的遙參亭，迎面就是天中閣。天中閣在明清時期是中嶽廟的正門，原名黃中樓，明嘉靖年間改為今名。

天中閣是仿天安門形式，只是比天安門小，天安門有五個門洞，而天中閣只有三個門洞。

出天中閣沿甬道拾級而上，其後便是木結構配天作鎮枋。它原名叫「宇廟坊」，古時稱中嶽為土神，意思是以地配天。枋起三架，廡殿式屋頂，斗拱雀替，雕琢華麗。正樓額書「配天作鎮」，左右配樓分別書「宇廟」、「俱瞻」。配天作鎮枋後為松柏掩映的崇聖門。此門為過往門庭，因中嶽神曾被封為「中嶽天中崇聖大布」而得名。

雀替是中國古建築的特色構件之一。宋代稱角替，清代稱為雀替，又稱為插角或托木。通常被置於建築的橫材梁、枋與豎材柱的相交處，作用是縮短梁枋的淨跨度從而增強梁枋的荷載力。其製作材料由該建築所用的主要建材所決定，如木建築上用木雀替，石建築上用石雀替。

在中嶽廟的第五進建築崇聖門的東面有一座創建於北宋的「古神庫」。在古神庫的周圍有四個高大的鐵人，鑄造於公元一〇六四年。鐵人高三公尺多，重約三噸，握拳振臂，怒目挺胸，形象威嚴，栩栩如生，是中國現存形體最大，保存最好的四個「守庫鐵人」，同時也是北宋鑄造的藝術珍品。

■比天安門小的天中閣

　　崇聖門前甬道東西兩側，有宋代石碑三通，金代石碑一通，因為四通碑的撰文者都是當時狀元，所以又稱為「四狀元碑」。碑的內容都是敘述中嶽廟的歷史沿革及修建情況。其碑制宏大，書法遒雅，蒼勁有力。

　　狀元為中國古代科舉考試中，殿試考取第一名的人。殿試由皇帝或中央政府指定的負責人主持，用同一套試題，在同一地點開考，然後經統一閱卷、排名，並經最高當局認可的進士科國家級考試的第一名。此制度始建於隋唐時期。

　　中嶽廟的第六進建築化三門取名於道教的「一氣化三清」，是中嶽廟的過往門庭。化三門後西側，有無字碑亭。亭內立有清代石碑一通，碑上只有線刻花邊，沒有文字，故稱「無字碑」。立此碑的意思是說岳神之德，大得難以用文字形容，故立空石，以示紀念。

■中嶽廟竣極殿

化三門之北是峻極門，因中門兩側塑有一丈四尺高的兩尊將軍像，故又名「將軍門」，是中嶽大殿中心院的山門。

■中嶽廟內的峻極門及兩側神像

此門創建於金世宗大定年間，明朝崇禎年間毀於大火，清乾隆時重修。左右兩側為東西兩掖門。現在制式為歇山屋殿，綠色琉璃瓦，面闊五間，進深六間，殿內的梁材、斗拱上都用瀝粉金線、丹青石綠繪出清雅古樸的高級彩畫。門內兩側塑有兩武士泥像，高達四點五公尺，執斧秉鉞，氣勢威武。

瀝粉為中國古建築彩畫工藝之一，「瀝」是指液體的點滴，「粉」是指用粉調製成液體，將其一滴一滴地滴落在物面上。有時用特製的工具把瀝的點滴加長，形成一種有規律的，人為的線，這種方法術語稱之為「瀝粉」。

在竣極門附近有許多珍貴的文物，還有魏碑、唐碣、宋幢、金獅、廟固等。

峻極門前甬道兩旁各有兩個高台，代表了五嶽中的其他四岳，即東嶽殿、南嶽殿、西嶽殿、北嶽殿。

在高台下前進標的目的的右手邊有兩塊石碑，其中一塊用玻璃罩著的是元代的原物，另一塊是按照原物上可識別的字和上下文模擬的新碑。

■嵩高峻極坊

嵩高峻極坊屹立於峻極門內，又名「迎神門」，坊起三架，上下兩層，額書「嵩高峻極」。正樓和次樓分別是九踩和七踩斗拱，黃瓦蓋頂，雕梁畫棟，剔透玲瓏，式度秀麗，是清代木結構建築的精品。

跨過嵩高峻極坊，在高約三公尺的石欄月台上，坐落著中嶽廟的正殿峻極殿，或稱「中嶽大殿」，是嵩山規模最大的建築。

七踩斗拱是清式大木做斗拱的一種形式，也就是裡外各出三拽架的斗拱。所謂「踩」，就是指斗拱挑出的部件，分為三踩、五踩、七踩和九踩四種。如中國的故宮太和殿下搪是七踩斗拱，上檐是九踩，是全國等級最高的建築物。

此殿的建築與北京故宮的太和殿相似，面闊九間，進深五間，面積約九百二十平方公尺，重檐黃瓦，高大雄偉。殿內裝有天花板並飾有彩色繪畫以及盤龍藻井，相傳是用柏樹根雕刻而成，工藝精緻，巧奪天工。

殿內神龕中央坐像是武則天加封的中嶽大帝天中王，像高五公尺多，姿態雄偉。侍臣、仙童左右分立。神龕外兩側，塑有身穿盔甲、手執金瓜斧、高約六公尺的鎮殿將軍方弼和方相，雄偉莊重。

方弼和方相兄弟二人是商朝殷紂王的兩位鎮殿將軍。自古就被西北民間譽為「把門的將軍」，也是早期以真人真名而命題所畫的最早的門神。因紂王荒淫無道，兄弟二人反出朝歌，為周王朝建立作出巨大貢獻，後世人們把二人尊為顯道神、開路神、門神。其中，方弼是出自《封神演義》中的人物。

中嶽大殿兩側的東西廊房，與峻極門構成一座長方形的庭院，其面積約有五千平方公尺，是嵩山地區僅有的一處迴廊式古典建築。廊內供奉七十二司、八大朝臣、十殿閻君塑像。

峻極殿的後面，是一座單獨的院落，主要建築為岳寢殿。它是一座歇山式建築，黃瓦覆頂，斗拱飛翹，面闊七間，進深三間，傳說為中嶽大帝與帝后起居之所。明憲宗成化十六年，即公元一四八〇年重建，清高宗乾隆元年，即公元一七三六年再次重修。

殿內神龕裡，有「天中王」和「天靈妃」的塑像，兩端有兩個大型紫檀木透花雕刻的「龍榻」，榻上有天中王睡像，東榻上睡像為檀木雕刻，西榻上睡像為彩色泥塑。

中嶽廟的最後一進建築御書樓在岳寢殿之後，這是中嶽廟的最後一座殿宇，原名「黃籙殿」，是儲存道經之地，始建於明萬曆年間。後來清代乾隆皇帝遊中嶽時，曾在此殿題碑書銘，故又稱「御書樓」。現為硬山廡殿式黃色琉璃瓦樓房，兩側順山房是儲存祭器的地方。

■中嶽廟 - 御書樓

　　除了上面介紹的十一進建築群之外，中嶽廟的東路和西路，還分別建有太尉宮、火神宮、祖師宮、小樓宮、神州宮和龍王殿等單獨的小院落，現存的明清建築近四百間，金石鑄器兩千餘件，漢到清的古柏三百餘株。

　　正是這些亭門宮殿，構成了中嶽廟規模宏大的古建築群。而如此宏大而又幽雅莊嚴的廟宇在中國國內也是罕見的，為此，此地也被稱為華夏文明的聖地。

　　公元二〇〇一年六月二十五日，中嶽廟作為清代古建築，被中國國務院批准列入第五批全國重點文物保護單位名單。

【閱讀連結】

　　在中嶽廟眾多的文物古蹟中，站立在崇聖門東側的四尊鐵人顯得特別引人注目。關於這四個鐵人，還流傳著一個這樣的傳說：

很早以前，這鐵人是八個，一邊四個，分立在東西兩個神庫的四周。北宋末年的時候。金兵南侵，民族英雄岳飛率領愛國將士轉戰在黃河南北兩岸。後來，抗金浪潮波及到嵩山，中嶽廟的鐵人摩拳擦掌，義憤填膺。

一天晚上，他們喬裝打扮，偷偷來到黃河岸邊。誰知擺渡的小船隻能坐下四個人，於是只好四個人先過，另外四個鐵人在岸邊等候。等擺渡的小船返回載後四個鐵人時，天色已經大亮，中嶽廟的道主派人找到黃河岸邊，把沒有過河的四個鐵人強拉硬扯綁了回來。所以，至今站立在東邊神庫周圍的四個鐵人還是一副怒目而視、壯志未酬的神態。

壁畫藝術寶庫　芮城永樂宮

　　永樂宮，原名「大純陽萬壽宮」，位於山西芮城縣城北約三公里處的龍泉村東，建在原西周的古魏國都城遺址上。此道觀始建於元代，是為奉祀中國古代道教「八洞神仙」之一的呂洞賓而建，也是中國道教三大祖庭之一。

　　這是一處在國內外頗有影響的古建築，它以壁畫藝術聞名天下。這裡的壁畫，是中國現存壁畫藝術的瑰寶，可與敦煌壁畫媲美。

▋為奉祀呂洞賓始建呂公祠

　　在中國民間，呂洞賓是一位與觀音菩薩、關公一樣婦孺皆知、香火占盡的神仙，合稱「三大神明」。唐宋時期，他與鐵拐李、漢鐘離、藍采和、張果老、何仙姑、韓湘子、曹國舅等人並稱為「道教八仙」。在中國山西的民間信仰中，他是八仙中最著名、民間傳說最多的一位。

■永樂宮的匾額

　　那麼，這位呂洞賓到底為人們做了什麼事，人們要如此敬重他呢？

■山西芮城永樂宮大純陽萬壽宮

　　原來，他本是山西芮城人，出生在一個世代官宦之家，他的祖輩都做過隋唐官吏，所以他自幼熟讀經史，長大後，他中了進士，並在家鄉做官。

　　後來，他因為厭倦兵起民變的混亂時世，便拋棄了人間功名富貴，和妻子一起來到中條山上的九峰山修行。

　　當時，他和妻子各居一洞，相對可望，所以他將自己的名字改為呂洞賓。其中，「呂」，指他們夫婦兩口，兩口為呂；「洞」，是指他們居住的山洞；「賓」，即是告訴人們自己是山洞裡的賓客。

　　據說，這呂洞賓在棄官出走之前廣施恩惠，將萬貫家產散發給貧民，為百姓辦了許多好事。後來，他遇到已經成仙的鐘離權的度化，得道成仙，號純陽子。之後，呂洞賓下山雲遊四方，為百姓解除疾病，從不要任何報酬。

　　山西芮城位於中國山西省西南端，黃河中游，是山西省最南端的晉、秦、豫三省交界處，也是山西的南大門。芮城在商末為芮國，周朝初期為魏國，秦朝屬於河東郡，漢朝為河北縣，北周明帝二年，即公元五五八年開始，改芮城縣至今。

■元世祖忽必烈孛兒只斤‧忽必烈（公元一二一五年至一二九四年），蒙古族，元朝的創建者，是監國托雷的第四子，蒙古尊號「薛禪汗」。他在位期間，建立了幅員遼闊的統一多民族國家元朝，是蒙古族卓越的政治家、軍事家。在位三十五年，諡號聖德神功文武皇帝，廟號世祖。

正是因為他一生樂善好施，扶危濟困，所以深得百姓敬仰。為此，當他羽化後，家鄉的百姓便為他修建了一座祠堂，取名為「呂公祠」，以此紀念他。到了金代，因呂洞賓信奉道教，於是人們又將「祠」改成了「觀」。

元朝初年，元世祖忽必烈知道呂洞賓信奉的道教在群眾中頗為流傳，就想利用宗教和呂洞賓的聲望鞏固自己的統治，為此，他派國師丘處機管領道教，復建「呂公觀」，並將道觀名改為「永樂宮」。

《營造法式》是刊行於宋崇寧二年，即公元一一〇三年，北宋官方頒布的一部建築設計、施工的規範書，是中國古籍中最為完整的一部建築技術專書。此書是宋將作監奉敕編修的，主要分為五個部分，即釋名、制度、功限、料例和圖樣共三十四卷，前面還有「看樣」和目錄各一卷。

據說，這次對永樂宮的復建工程，總共花了一百一十多年時間，幾乎與整個元朝共始終，才建成了這個規格宏大的道教宮殿式建築群。

在建築結構上，此道觀吸收了宋代《營造法式》和遼、金時期的《減柱法》，形成了自己特有的風格。同時，整個道觀內的每座殿堂還繪製了總面積達九百六十平方公尺題材豐富的壁畫。

中國現存的永樂宮是典型的元代建築風格，幾個大殿以南、北為中軸線，依次排列，主要由龍虎殿、三清殿、純陽殿和重陽殿四大殿組成。

其中，純陽殿就是專門為奉祀呂洞賓而建，殿內塑有呂祖像，面目和善慈祥，神態端莊自如。殿內壁畫，描繪的是呂洞賓的生平事跡，從誕生起，到得道成仙，普度眾生，遊戲人間，採用的是連環畫的形式，每幅畫面之間用山石、雲霧、樹木、河流等自然景色相隔相連，遠觀渾然一體，近看內容各異。

此壁畫雖為宗教畫題，但反映了元朝以前中國人民的生活習俗和社會風貌。這一幅幅壁畫形象地展示了殿堂樓閣，橋梁涵洞、酒肆茶館、村舍民居等物質民俗，表現了官吏、學生、平民、商賈等各個階層、各類人物的生活，還有舟船河中行駛、嬰兒誕生儀禮、老人死後祭奠場景，這一切都為我們研究宋金元社會史和風俗史提供了重要資料。

涵洞是公路或鐵路與溝渠相交處使水從路下流過的通道，作用與橋相同，但一般孔徑較小。形狀有管形、箱形及拱形等，通常由洞身、洞口建築兩大部分組成。此外，涵洞還是一種洞穴式水利設施，有閘門以調節水量。

■純陽殿內的呂洞賓塑像

此外，在純陽殿後門的出口處，有一幅《鐘呂談道圖》，俗稱「盤道」，畫的是鐘離權誘導呂洞賓修仙學道的場面。畫面背景有起伏的群山，有潺潺的流水，有古老蒼勁的松樹，景色秀麗雅靜，師徒二人側身對坐，鐘離權袒胸暢談，舉止大方；呂洞賓凝神注視，側目靜聽，神態謙恭。

這幅畫成功地展示了人物的內心世界，情與景有機交融，氣韻生動，活靈活現。

【閱讀連結】

永樂宮壁畫是中國古代壁畫的奇葩，它不僅是中國繪畫史上的重要傑作，在世界繪畫史上也是罕見的巨製。

為此，在一九五〇年代，中國著名的工筆重彩人物畫大師劉凌滄仿照永樂宮純陽殿的《鐘呂談道圖》，繪製了一幅長四公尺、寬三點七公尺的《鐘呂談道圖》局部圖，存放在中國國家博物館內。

▌以精美壁畫而聞名的殿堂

永樂宮原建在芮城縣永樂鎮。公元一九五八年，因需要修建黃河三門峽水庫工程，而永樂宮正處於淹沒區內，為了保護這一珍貴的歷史文物，進行了規模浩大的遷移工程。

從公元一九五九年起，歷經六年，工作人員將永樂宮全部遷移到芮城縣北，全部壁畫分塊割取，按照原樣安裝復原，將永樂宮完好無缺地遷移到了芮城縣城北的龍泉村。

古魏城遺址位於山西省運城市芮城縣城關鎮北二點五公里，是中國山西省文物保護單位之一。公元一九九六年一月十二日，授予山西省文物保護單

位，是一座古遺址。古魏城東西長一點五公里，南北寬一點三公里。現殘存北城牆，城牆長一千五百公尺，寬四至七公尺，高七公尺。

這裡曾為「古魏城遺址」，有唐代建築龍泉寺，前為黃河水庫，後是巍巍中條山，清澈的泉水環繞而過，更為永樂宮增添了迷人的景色。

現存的永樂宮規模宏大，占地十二萬七千平方公尺，建築面積為八萬六千八百八十平方公尺。永樂宮的建築特點是將宮門、龍虎殿、三清殿、純陽殿、重陽殿五座建築物，自南向北依次排列在一條中軸線上，東西兩面不設配殿和附屬建築物，而是用圍牆圍成一個狹長的中心院落，並將三清、純陽、重陽三座主要殿宇集中在後半部，建在台基上。其他建築在中心院落以外，另建一道圍牆，主次有序，形成了自己獨有的建築風格。

永樂宮龍虎殿又名無極門，始建於元朝至元三十一年，即公元一二九四年，單檐廡殿頂，面闊五間，進深六間。

無極門內有一隻縮頭鰲馱大碑，上面記載著永樂宮的歷史。後面是永樂宮的主體建築無極殿，又名三清殿，建於公元一二六二年。此殿是單檐廡殿頂，面闊七間，進深八間。殿內供有「太清、玉清、上清元始天尊」，四壁滿布壁畫，面積達四百零三點三四平方公尺，畫面上共有人物兩百八十六個。

■無極殿上的匾額

壁畫所描繪的是道教神仙朝元的盛況。在東、西、北三壁及神龕的左右兩側，分別畫有八位身高三公尺的主神。圍繞主神，兩百八十餘位神仙重疊地排成四層，組成長長的行列。

　　在神仙行列中，有肅穆莊嚴的帝君，仙風飄逸的仙伯、真人、神王，有威武剽悍的元帥、力士，有清秀美麗的金童玉女，他們有的對話，有的傾聽，有的顧盼，有的沉思，場面宏偉莊嚴真切，使觀看者有身臨其境之感。

　　此壁畫對人物形象的描繪充分地體現了中國傳統繪畫的特點。畫師以簡練而嚴謹、流暢而剛勁的線條刻畫了眾多生動的形象，這些形象按不同的年紀、性

■永樂宮壁畫——太乙神

格和表情，變化多樣而不雷同。線條在疏密有致的組織中，剛柔相濟的變化中，創造了和諧的韻律和裝飾性效果。

　　壁畫色彩除了主神衣服用緋紅和堆金瀝粉以外，全畫以青綠為主，表現了神的莊嚴和清靜。兩百八十六位神仙組成八組，在統一中求得變化，以免單調平板，顯示了作者高妙的構圖技巧和匠心。這人物繁雜的場面，神彩又都集中在近三百個「天神」朝拜元始天尊的道教禮儀中，因此被稱為《朝元圖》。

　　朝元指道教徒朝拜老子。唐乾封元年，即公元六六六年，唐高宗李治追封老子李耳為「太上玄元皇帝」，並將供奉老子的「老子廟」改為「玄元廟」。

為此，唐朝詩人白居易在《尋郭道士不遇》詩中稱：「郡中乞假來相訪，洞裡朝元去不逢。」

永樂宮壁畫——天罡大聖

無極殿後面的純陽殿，建於公元一二六二年。永樂宮的最後面是重陽殿，供奉王重陽和全真七子，單檐歇山頂，面闊五間，進深六間。殿內採用連環畫形式描述了王重陽從降生到得道度化「七真人」成道的故事。

　　永樂宮的壁畫內容豐富，技巧精湛，是對唐宋人物畫的繼承與發展。所表現的雖是神話故事，但形象並不是抽象的概念化的，而是富有個性的。對於署名為馬君祥、馬七、張遵禮等這些普通的民間畫工，雖然不見於畫史的記載，但他們的作品將永遠記錄在中國繪畫史中。

【閱讀連結】

　　在中國的歷史博物館內，還珍藏著一幅從宋代流傳下來的，由宋代壁畫名家武宗元所作的《朝元仙杖圖》。此幅圖也是描繪的道教神仙出行行列，畫五方帝君和眾仙去朝見道教最高天神元始天尊的情景。

　　據說，永樂宮壁畫與這《朝元仙杖圖》是一脈相承的，神仙的形象和線條表現的方法具有一定承傳關係。所不同的是，後者是向前行進的神仙行列，而前者是朝拜時的靜止狀態。一是動中求靜，一是靜中有動。因此，可是說，永樂宮中的《朝元圖》是中國繪畫史上的傑作。

江南第一觀　蘇州玄妙觀

　　玄妙觀坐落在古城蘇州繁華的中心區，以其悠久的歷史、宏偉的建築、眾多的文物古蹟而名聞天下。

　　玄妙觀創建於西晉時期，觀內有山門、三清殿、彌羅寶閣及二十一座配殿。觀內存有大量的古碑，最著名的老君像石刻，是目前國內僅存的兩塊老君像碑之一。

　　老君石刻由唐代畫聖吳道子繪像，唐玄宗題贊，顏真卿手書，宋代刻石高手張允迪摹刻，堪稱「四絕」碑。

▍千年妙觀歷經劫難重現風采

　　香火指供奉神佛或祖先時燃點的香和燈火：來朝拜的很多，香火很盛。古時候香火也指後輩燒香燃火祭祖，故斷了香火就指無子嗣。古時有一說，不孝有三，無後為大，即沒有後代傳承香火是最大的不孝。

　　玄妙觀始建於公元二七六年，初名真慶道院。公元三二四年，敕改上真道院。公元七一四年，更名開元宮，賜內帑重修。公元八九〇年，遭受兵火，僅存山門和正殿。到了北宋至道年間，開元宮又改稱玉清道院。

　　內帑指皇室的倉庫，也指國庫裡的錢財。如宋代的葉適在《寶謨閣待制知隆興府徐公墓誌銘》中稱：「內帑皆三朝恭儉之積，陛下幸圖之。」

　　公元一〇〇九年，皇帝下詔，把玉清道院改為天慶觀額，增建東西南北四廊，新修東西牆垣，由專業畫師畫成「三天天宮勝景」巨幅壁畫。公元一一二五年，宋徽宗趙佶敕賜香火田三點三平方公里。公元一一三〇年毀於兵火。公元一一四六年至一一七九年，蘇州地方官王喚、陳峴、趙伯肅先後主持修復重建。

■宋徽宗趙佶（公元一〇八二年至一一三五年），是神宗第十一子，哲宗弟，是宋朝第八位皇帝。他先後被封為遂寧王、端王。哲宗於一一〇〇年正月病死時無子，向皇后於同月立他為帝。第二年改年號為「建中靖國」。宋徽宗在位二十五年，國亡被俘受折磨而死，終年五十四歲。

■玄妙觀的門匾

　　公元一二九五年，始稱玄妙觀。公元一三六六年至一三六七年間，玄妙觀又一次受到戰亂的破壞，幸未全毀。明洪武年間朱元璋整頓宗教，賜封蘇州玄妙觀為正一叢林，在觀內設管理道教事務的機構道紀司。

　　千年古觀不僅是蘇州道教的主要活動中心，也成為地方政府司儀、祝厘的場所，充分顯示了玄妙觀在蘇州政治和社會生活中的重要地位。

　　明宣德年間，道士張宗繼倡建彌羅寶閣。公元一四三八年，巡撫周忱、知府況鐘首捐俸資，於正統五年（公元一四四〇年）建成彌羅寶閣，為玄妙觀增添了一座氣勢宏偉、絢麗多姿的副殿。可惜在公元一六〇二年，寶閣已毀。

　　到了清代，為了避康熙皇帝的名諱，玄妙觀改為圓妙觀，又名元妙觀。公元一六七五年，布政司慕天顏首倡重建彌羅寶閣，公元一八六〇年毀於戰火。同光年間，紅頂商人胡雪巖獨立捐資重建寶閣，直到後來，才恢復了玄妙觀的舊稱。

　　布政司是衙門名，全稱是「承宣布政使司」，裡面的官名叫布政使。明清兩代才有布政使司這個衙門機構，又叫藩司衙門。級別為三品，地方的一種高級官吏。地位僅次於總督和巡撫。負責一省的賦稅、錢糧、戶籍，以及發布各類中央政策通告。

　　清代，據道光《元妙觀志》圖載，玄妙觀盛時占地五點五萬平方公尺，共有三十多座殿閣。中軸線上自南而北依次為正山門、三清殿、彌羅寶閣，其他殿閣分布在二十五處自成院落的「子院」內，如眾星拱月般從東、西、北三面圍繞著中軸線上的主要殿閣，形成一片巍峨壯麗的建築群。

　　但自咸豐、同治之際遭受戰火後，就漸趨衰落下來，也沒能恢復舊觀，宏偉的彌羅寶閣也於公元一九一二年八月二十八日失火焚燬。

　　公元一九五六年，整修三清殿、正山門及東、西諸殿門牆，清理廣庭。同年，玄妙觀三清殿被列為省文物保護單位。此後，中國政府又連續撥巨款重修玄妙觀正山門和三清殿，殿內佛神重塑金身。

■玄妙觀三清殿

■麒麟亦作「騏驎」，簡稱「麟」，是中國古籍中記載的一種動物，與鳳、龜、龍共稱為「四靈」，是神的坐騎，古人把麒麟當作仁獸、瑞獸。雄性稱麒，雌性稱麟。它是吉祥神獸，主太平、長壽。民間有麒麟送子之說，麒麟是龍頭，馬身，魚鱗。

玄妙觀內文化積澱深厚，民間傳說動人，舊有十八景之說，分別為元趙孟所書玄妙觀重修山門碑、麒麟照牆、朝北玄帝銅殿、六角亭、釘釘石欄杆、一步三條橋、無字碑、海星壇、一人弄、楊芝畫、運木古井、妙一統元匾額、靠天吃飯圖碑，如今十八景中還保存九處。玄妙觀文物中著名的還有歷代碑刻，有老子像碑、永禁機匠叫歇碑等等計有八十一塊。除部分收藏在文廟外，還餘下不少成為碑廊，現藏在輕工門市部夾弄內，歷劫不滅，彌足珍貴。

碑刻泛指刻石文字或圖案。最早的碑刻文字，首推秦朝的「石鼓文」，多數的碑刻有毛筆寫件蘭本或書丹上石。但有些摩崖石刻及石窟，往往不經書寫而直接用刀在石面上雕琢。無底本的碑刻不容易揣摸書寫的筆法，即使根據真跡上石鐫刻，也常存在筆意走樣。

【閱讀連結】

玄妙觀值得一提的還有正山門八字照牆，當年為此還掀起過一場軒然大波。照牆前原來曾有一排平屋，有七八家商舖。在公元一九三〇年觀前街拓寬，影響了這些商舖，德記地產公司出面向玄妙觀方丈顏品笙協商拆除照牆，租用兩側地基，搭屋經商，條件是訂約十五年，付給押金一萬元。

此舉一出，引起了地方人士的普遍反對，於是便形成了「保古派」與「保商派」之爭。這場爭論直到後來，經江蘇省建設廳批准，在正山門兩側建起了與玄妙觀極不協調的三層樓房，道觀原來古樸肅穆的風貌從此不復再現。

▌三清殿成為宋代建築的代表

■老子道家學派創始人，（約公元前五七一年至公元前四七一年），字伯陽，謚號聃，又稱李耳，河南省鹿邑縣太清宮鎮人。曾做過周朝「守藏室之官」，即管理藏書的官員。是中國最偉大的哲學家和思想家之一，被道教尊為教祖。

　　玄妙觀蘊藏的文化瑰寶，極富中國傳統文化的特色。宋代建築的代表三清殿、藝術珍寶老子像碑、石刻藝術傑作石欄杆等文物，是玄妙觀的精華所在，可謂是件件光彩照人。

　　坐北朝南的正山門，是一座五開間的木構建築，始建於唐代。歷經變故，現存為公元一七七五年重修，入門迎面就有一塊豎頭匾，上書「圓妙觀」，是清末通州名士沙玉召所書，筆力渾厚，字態端莊。內奉六位尊神，即馬、趙、溫、王四大元帥和辟非、禁壇二位將軍，據說是元代所塑。後來，道協請雕塑大師劉國祥重塑六大神像，歷時兩年才告竣工。現在正山門右側還有《玄

妙觀重修三門記》碑石一塊。這是元代著名文人牟山獻撰文，大書法家趙孟頫書寫的。

■玄妙觀三清殿前的丁丁石欄杆

　　三清殿是玄妙觀的主殿，殿前正中上方有一塊一公尺多長的豎頭匾，上書「三清殿」三個正楷大字，是康熙年間太傅金之俊所書。在豎頭匾下面，有一塊橫額，上書「妙一統元」四個大字，筆力蒼勁，也是金之俊所書，但原物已失，現為謝孝思所書。

　　金之俊字豈凡，江南吳江人，清初大臣。明萬曆四十七年（公元一六一九年）中進士，官至兵部侍郎。睿親王定京師，仍然任此官職。後來又陸續擔任工部尚書、太子太保、國史院大學士和祕書院大學士等。

■玄妙觀正門前的牌匾

公元一一七九年，三清殿重建。重檐歇山造，面闊九間，廣四十五點六四公尺，進深六間，深二十五點二五公尺，通高約二十七公尺。殿柱排列，縱橫成行，內外一致，共有七列，每列十柱，無「減柱」或「移柱」，俗稱「滿堂柱」。

三清殿屋頂有繪製精美藻井，畫面有「雲鶴」、「仙鹿」和「暗八仙」等圖案，是中國蘇繪工藝中的精品之作。

三清殿四周檐柱為八角石柱，共三十根；殿內諸柱除內槽中央三間四根後金柱為抹角石柱外，均為圓木柱，共三十六根。

柱礎均為連礩有唇覆盆式，檐柱礎上再施仿木質八角形石柱腳，殿內木柱則於礎上加石鼓。下檐斗拱為四鋪單昂，昂的下緣向上微微反曲。柱礎是中國傳統建築中的一種結構構件，它主要作用有：第一、承受由柱子傳來的屋頂荷載，並將其傳遞到地基上。第二，隔絕地基的潮氣，防止木柱受潮腐爛。根據柱間板壁的安裝要求不同，柱礎形態作相應的變化及處理。

柱頭鋪作昂嘴實為內檐華拱的延長，其上承月梁。梁頭伸出做耍頭，斫作宋式梢頭。補間鋪作皆用真昂，後尾挑起，以承托下平西方槫下的令拱，即《營造法式》上的「飛昂」制度。

殿的內槽中央五間後金柱間，築磚壁達內額下皮，壁前有磚砌須彌座，面闊三間，高一點七五公尺，式樣略如《營造法式》而繁密過之。上奉三清像，趺坐於方座上，像高約六公尺，高於地面約十點五公尺，神態凝重，衣褶生動，是古代道教造像中的上品。

三清殿殿內壁間嵌有碑石多方，以南宋寶慶元年（公元一二二五年）所刻「太上老君像」最為珍貴。像為唐代吳道子所繪，形貌蒼褶流暢，上方有顏真卿所書唐玄宗李隆基的「贊」四言十六句，刻工為張允迪。

■吳道子（約公元六八〇年至七五九年），唐代畫家。畫史尊稱其為吳生。又名道玄。漢族，河南禹州人。開元年間以擅長繪畫而被召入宮廷，歷任供奉、內教博士、寧王友。特別擅長佛道、神鬼、人物、山水、鳥獸、草木、樓閣等，尤其精通於佛道、人物等壁畫創作。

三清殿台基面闊四十九點六公尺，進深二十九點五公尺，現高出周圍地面約一公尺。前施月台，面闊二十七點二公尺，進深十六點三公尺，中央立鐵鼎。正面與左、右各台階，周以青石勾欄。台基僅南面東、西梢間及盡間有石欄，與月台石欄貫通，華版雕刻極細，內容有人物、走獸、飛禽、水族、山水、雲樹、亭閣等，頗為古樸生動，為宋代或宋代以前時期的作品。三清殿是江蘇最古老的木結構建築，也是中國國內現存的體量最大的宋代大殿。

三清殿內主供三清尊神，中為玉清元始天尊，東為上清靈寶天尊，西為太清道德天尊，道教認為三清皆是元始天尊的化身，故有「一氣化三清」的說法。

三清殿作為南宋時代的木結構建築，不僅在江南地區是絕無僅有

的，在全國也只有北京故宮的太和殿和山東曲阜的大成殿可與之相比，所以稱之為國寶也是當之無愧的。由於三清殿在中國建築史上佔有的重要地位，被中國國務院列為全國重點文物保護單位。

除了三清殿，玄妙觀內的財神殿、文昌殿、「丁丁石欄杆」等也都是難得的古建築。

財神殿原殿位於東腳門，殿內供奉三位財神：文財神比干、武財神趙公明及關羽。

腳門也稱角門，指正門兩側的小門。腳門是廣州西關大屋大門組成的一部分，安裝在趙櫳門之外。它能夠在夏天不關閉大門的情況下，可以把屋裡以及大街相隔開來，使室內既可以通風，也不會讓路人看到裡面的情況。

中間的是文財神比干，因其無心從而專司買賣公平，旁邊是趙公明和關公。財神崇拜寄託了人們勤奮勞動、公平致富的美好願望。

文昌殿建於清乾隆末年。殿堂格局別緻，殿內供奉文昌梓潼帝君，兩旁奉祀孔子、朱熹。文昌，本為星名，民間俗稱「文曲星」，為主宰人間功名，祿位之神。蘇州文化昌盛，文士眾多，文昌崇拜舊時極盛。

■玄妙觀的飛檐

■玄妙觀的文昌殿

「丁丁石欄杆」位於三清殿前，素有「姑蘇第一名欄杆」之譽，堪稱蘇派建築藝術中的一大瑰寶，是中國古代雕刻藝術之精品。據傳，當年主持建造北京紫金城三大殿的蘇州著名香山匠人蒯祥即是以「丁丁石欄杆」為設計參照樣板，建造了三大殿前那氣勢恢宏的漢白玉石欄杆群的。

蒯祥（公元一三九九年至一四七六年），是中國明代建築匠師。江蘇吳縣人。他的父親有高超的木工技藝，被明王朝選入京師，當了總管建築皇宮的「木工首」。蒯祥自幼隨父學藝，父親告老還鄉後，他便繼承父業，出任「木工首」。他曾參加或主持多項重大的皇室工程，據說，天安門城樓就是他設計的。

玄妙觀的「丁丁石欄杆」始建於千年前的五代，它比起重建前南宋淳熙年間的三清殿的歷史，還要久遠。由三十八根蓮花柱、三十塊縷空扶欄石、東西十二塊浮雕石坐欄、六道針形扶欄坤石組成，取材於色彩素雅、青白相間的江南青石、與黃牆黛瓦、赭漆門楣的三清大殿相配得特別壯觀，渾然天成。

「丁丁石欄杆」的浮雕圖案，構圖簡潔，蒼老古樸，形象逼真，其左面有鹿、東海、麒麟祝壽、黃鸝鳴翠、鹿銜靈芝、鯉魚化龍、彩鳳展翅、蒼鷹麋鹿、雙獅相爭等，其右面為繡球獅子，金獅回頭，雷公騰雲，群仙祝壽，鷹搏天狗，蛟龍戲珠、金獅，蟠桃等。浮雕生動，章法完整，為江南罕見的藝術珍品。

■ 三清殿前的香爐

三清殿露台東側踏步下的甬道上，有三條並排的青石板，宛如橋面。石板不長，常人一步即能跨越，故稱一步三條橋。

據稱，舊時的石碑下曾經有過水穴，每當雨後就有魚從穴中躍出。可惜的是在民國時期，水穴被填為平地，只剩下三條青石。人們將這三條青石視為吉祥物，認為如果一步踰越，就能求得年年有餘。

【閱讀連結】

在三清殿檐下懸掛一塊「妙一統元」的匾額，原來是由清代大臣金之俊所書，筆力雄健，堪稱妙筆。但是，匾額書成之後，經過長時間的日曬雨淋，字體已經被嚴重剝蝕而顯得頗為陳舊，亟需重摹見新。然而，原來匾額上的「一」字已經全無印跡，後人難以摹寫。許多名人得知此事後，都想為之補寫，但都沒有達到原來的效果。

　　忽有一天，有一個鄉夫自我推薦，摹寫「一」字。此人一經過試筆，眾人都非常滿意。原來，這個鄉夫每天都要挑柴進城叫賣，每次途中必到三清殿的露台上小憩。因其天天都能看到匾額上的大字，日久，字形默記心中，以致他能一揮而就，寫成了絕妙的「一」字，為世人稱道。

以精美壁畫而聞名的殿堂

　　自從漢代道教傳入吳地，歷朝歷代興建了許多道觀，因此，道觀也就成為蘇州的一大特色。蘇州道教宮觀的建築，是道教文化遺產的精華之一。其中最具文化內涵的要仍是玄妙觀。

玄妙觀的吉祥門

　　玄妙觀的古建築群規模之宏大，格局之完整，在全國都是罕見。三清殿重檐復宇，巍峨壯麗，是江南規模最大的一座南宋木結構殿堂建築，是中國燦爛古代建築文化的見證，是蘇州城引為自豪的歷史瑰寶。

　　玄妙觀保存著許多重要的歷史文物、古蹟和碑刻。玄妙觀三清殿正中供奉三尊十七公尺高的金塑「三清」法身，慈眉善目，姿態凝重，神采儼然，是宋代道教雕塑中的佳作。

殿後六十尊花甲星宿塑像，造型生動，神態各異，大有呼之欲答之感。殿內宋刻《老子像碑》，是唐代大畫家吳道子所繪，至今已有七百六十餘年的歷史。殿內東側的玄帝銅殿，銅色古湛，傳是元代遺物，為江南罕見的藝術珍品。

　　星宿指道教崇奉的星神。指「四象」和「二十八宿」。中國古代為了觀測天象及日、月、五星的運行，選取二十八個星官作為觀測時的標誌，稱為二十八宿。它又平均分為四組，每組七宿，與東、西、南、北四個方位和青龍、白虎、朱雀、玄武等動物形象相配，稱為「四象」，又稱「四靈」。

　　在玄妙觀眾多的碑刻之中，老子像碑最為珍貴。該碑樹於公元一二二五年，也就是南宋寶慶元年，出於刻石名匠張允迪之手。碑上刻有唐代著名畫家吳道子所繪的太上老君像，有唐玄宗李隆基題寫的贊，還有唐代大書法家顏真卿書寫的贊，一塊石碑集碑贊、名畫和精美書法於一體，世稱之為「三絕」。

■顏真卿（公元七〇九年至七八四年），字清臣，漢族，今陝西西安人，祖籍山東臨沂，中國唐代傑出書法家。他創立的「顏體」楷書與趙孟頫、柳公權、歐陽詢並稱「楷書四大家」。和柳公權並稱「顏筋柳骨」。

　　這塊碑刻是蘇州現存的畫像碑刻中最早的一塊，張允迪是當時的勒石高手，曾參加著名的《平江城坊圖》的雕刻工作。

　　勒石，碑刻術語。指刻字於石，也指立碑。指將法書鉤摹本背面加以複印到石面上的工序。唐代碑刻上常有專款記載勒石者，如《懷仁集王書聖教序》碑末有「諸葛神力勒石」字樣。

■玄妙觀內的小亭

　　像碑中的人物形象龐眉披鬂，毛根出玉，力健有餘，膚脈連接，極蒼古，是謂仙風道骨之體，其畫所用焦墨勾線蓴菜條的手法，使線條弧彎挺刃，植柱構梁，高側深斜，卷褶飄帶之勢，造成條紋磊落逸勢，筆跡遒勁，產生強烈的疏體特點和立體感覺，使老子神態超然，富有仙靈之氣。

　　碑高一點八公尺，寬零點九一公尺，老子像碑幾經戰火、動亂、自然災害的滄桑而保存了下來，至今已有七百多年的歷史。它不僅是道教文化的瑰寶，也是國家的歷史、文物與藝術珍品。

■方孝孺（公元一三五七年至一四〇二年），浙江寧海人，明代大臣、著名學者、文學家、散文家、思想家，字希直，一字希古，號遜志，曾以「遜志」名其書齋，蜀獻王替他改為「正學」，因此世稱「正學先生」。在「靖難之役」期間，拒絕為篡位的燕王朱棣草擬即位詔書，剛直不屈，孤忠赴難，被誅十族。

在原有的玄帝殿前庭，有一座銅合金澆鑄的小型模型殿，面闊一點三公尺，進深一公尺，高一點一公尺，置於石座上，坐南朝北，面向原玄帝殿。此殿銅色古湛烏黑，外觀造型均仿自武當山金殿，內供北極玄天上帝，也稱真武大帝。舊時，信眾樂於觸摸銅殿以祈福消災。這座殿後被陳列在三清殿萬年台的東側。

玄妙觀還保存著大量的經典著作。著名的經典有《道藏》、《道德經》、《南華真經》、《黃庭經》、《藏外道書》等，品種豐富，版本齊全。

這些道教經典，有的推崇老子之「道」；有的宣揚神仙方術；有的倡導內外丹之說；有的傳授經籙祕法等等，構成了道教文化最重要的道學、神學、仙學、教學四大學術體系。

在裝衣真人殿的天井裡有一運木古井，井亭上有「元都第一景」的匾額。另外，玄妙觀的永禁機匠叫歇碑和無字碑也比較知名。

　　叫歇碑原來立在機房殿內。明代中葉以後，玄妙觀是紡織工匠的聚集之所，建這通碑的目的是機戶仗官府的勢力禁止機匠叫歇。這裡的「叫歇」就是罷工的意思。

　　此碑的發現，對於研究中國資本主義萌芽有著重要的意義。碑文後被選為中國歷史博物館的陳列展品。

　　無字碑聳立在三清殿東邊，高約六公尺，寬近三公尺。公元一三七一年，清政府把玄妙觀更為正一叢林，設置道紀司，革香火田以充軍餉。

　　道紀司是指明清時地方政府一級掌管道教事宜的機構。明代，朝廷一級一級設立管理的道教事務的機構。中央設置道錄司，府設置道紀司，設都紀、副都紀各一個；州設置道正司，設道正一人；縣置道會司，設道會一人。泉州道紀司設在玄妙觀。

　　這是中國道觀歷史上的一件大事。當時，特別請文學家方孝孺作記勒石，以志紀念。

　　魚籃觀音像碑原在觀音殿中。魚籃觀音原本是觀音三十三種化身之一，有人稱之為魚籃大士。民間有關魚籃觀音的傳說也很多。

■玄妙觀壽星殿

　　此外，玄妙觀還有一座壽星殿即三星殿，殿內供奉福、祿、壽三星。福星就是天官，他一身官服，手執如意，專司賜福。祿星就是祿神，司官職祿位。壽星又稱南極老人、南極仙翁，專掌延年益壽之職。三星崇拜，體現了中國古代人民追求社會安定，生活幸福的美好願望。

■壯麗的玄妙觀

從著名建築三清殿到玄妙觀大量的道教經典，處處都體現出中國傳統文化的深厚底蘊，尤其是道教文化的亙古綿長。玄妙觀不僅僅是一座道觀，它飽經滄桑的歷史更是華夏文明興衰更替的見證。

【閱讀連結】

關於玄妙觀中的無字碑還有一段辛酸往事。一代名士方孝孺的書法鐵劃銀勾，不同凡品，所以無字碑原來是有字碑，即《清理道教碑》。那麼有字碑後來因何成為無字碑了？

這要從當年燕王朱棣帶兵進入南京後說起。朱棣臨近登基時點名讓方孝孺起草登基詔書，方孝孺卻叱朱棣篡位堅拒絕從，而被殺害，並被誅連十族。當時全族死者多達八百餘人。

最終，就連他書寫的這篇碑文也被剷除乾淨，成了一塊無字碑。這個石碑雖然沒有一個字，但卻聞名遐邇，成為玄妙觀的名碑之一。

武當名觀　太和宮

　　武當太和宮是中國歷史上比較著名的道教宮觀，位於湖北省丹江口市境內的武當山天柱峰山腰紫金城南天門外。

　　太和宮建於唐代，當時有殿堂道舍等建築五十間，現僅存正殿、朝拜殿、鐘鼓樓、銅殿等。該宮處於孤峰峻嶺之上，殿宇樓堂依山傍岩，整座宮殿結構精巧，布局巧妙，四周峰巒疊嶂，起伏連綿，煙樹雲海，氣象萬千。是武當山著名的道教宮觀之一。

▍建於真武大帝飛昇地的名觀

▓ 天柱峰上的太和宮

　　著名道教名觀太和宮位於湖北省均縣的武當山主峰天柱峰頂端，距武當山鎮三十五公里。據明代任自垣所著的《大岳太和山志》記載，武當山，古名太和山，今名大岳太和山。傳說這裡就是當年真武大帝飛昇的所在。武當山風景秀麗，歷來被認為是乾坤秀萃之所，神靈之宅，又因祭祀真武大帝而馳名中外。

■太和宮內的始建碑刻

　　當時，人們把建於武當山天柱峰上的金殿稱為太和宮。直到清代，明代建的朝聖殿才被稱為太和宮，後世一直沿用此稱。

　　太和宮始於唐代，元代和明代較為興盛。明成祖朱棣一直認為是真武大帝保佑自己得了帝位，於是封「真武」為「北鎮天真武玄天上帝」，大興土木，修建宮觀，費時七年，役民工三十餘萬，共建太和宮、紫霄宮、商岩宮、五龍宮、玉虛宮、遇真宮、淨樂宮、迎恩宮八宮，以及復真觀、元和觀二觀等建築。

　　太和宮的正殿為朝聖殿，即太和殿，供有銅鑄鎏金真武坐像，下面分列雷部六天君。正殿前面為拜殿，周圍分列石碑，左右建有鐘鼓樓。朝聖殿的右下側就是皇經堂，供奉三清、玉皇、斗姆、張天師、呂祖等神像，殿內八幅壁畫為真武修真圖及道教神仙的故事。皇經堂前建有戲樓、神廚和三官殿。

　　任自垣（公元一三五〇年至一四三一年）明代道士。垣或作完，又名一愚，號蟾宇。江蘇省人。他從小就非常聰明，讀書便能知道裡面的意思，出家三茅山元符宮，為道士，遂知名。成祖永樂九年，即公元一四一一年授道

錄司右正義，之後受太和山玉虛宮提點，升為太常寺丞，提督太和山，並被任命為上清派第五十三代宗師。

■太和宮紫禁城的入口

太和宮的建築多於明代建造，著名的建築主要有九鏈蹬、紫禁城、靈官殿和朝拜殿等。

九鏈蹬始建於公元一四一六年，嘉靖年間曾作局部維修。因其是一條鑲嵌在懸崖峭壁上的迂迴九曲石作蹬道，俗稱九鏈蹬。整個建築不僅設計巧妙，布局精美，而且氣勢恢宏，造型典雅，頗有催人奮進、勇攀高峰的感覺。在中國，「九」在道教中稱為天數，穿過九鏈蹬就到了武當山的頂峰，這裡便是傳說中真武大帝坐鎮的地方。

紫禁城，又名紅城，也稱皇城，因金殿在上而得名，建於公元一四公元一九年。公元一四公元一七年，皇帝派遣隆平侯等督建。公元一四公元一九年，皇上又下了一道敕建紫禁城的聖旨，令隆平侯張信和駙馬都尉沐昕重修紫禁城，務必要「堅固壯實，與天地同其久遠」。

駙馬都尉為古代官職之一。漢代始置。駙，即副。駙馬都尉，掌副車之馬。到三國時期，魏國的何晏，以帝婿的身分授官駙馬都尉，以後又有晉代杜預

娶晉宣帝之女安陸公主，王濟娶司馬昭之女常山公主，都授駙馬都尉。以後駙馬即用以稱帝婿。

　　整個城牆周長和牆高因依山就勢，並不統一。南城門基厚，城牆頂厚，都是用重約五百公斤的石條砌成。該牆是利用中國古代建築中的力學收分方法而砌。從裡看往外傾斜，從外看往裡傾斜，歷經數百年的歲月，依然堅固如初。

　　齋醮亦稱齋醮科儀，是道教的一種儀式。道士們身著金絲銀線的道袍，手持各異法器，吟唱著古老的曲調，在壇場裡翩翩起舞，猶如演出一場摺子戲，這就是道教齋醮科儀，俗稱「道場」，也就是法事。其法為設壇擺供，焚香、化符、唸咒、上章、誦經、讚頌，並配以燭燈、禹步和音樂等儀注和程式，以祭告神靈，來祈求消災賜福。

■紫禁城的西天門

　　景帝朱祁鈺（公元一四二八年至一四五七年），明宣宗朱瞻基的第二個兒子，明英宗朱祁鎮的弟弟。明英宗被蒙古瓦剌兵俘去之後繼位，在位八年，病中因英宗復辟被廢黜軟禁而氣死，終年三十歲。葬於北京市郊的金山口，明朝諸王的墓地。

　　和紫禁城相比，靈官殿則是依岩建造的小石殿，殿內置錫製小殿。殿內錫製靈官像後來在動亂年代被盜走砸毀。殿門的橫聯「北極通樞」，是指金殿供奉著北極玄天上帝，凡過往信士都要經過靈官爺的識別檢驗。

　　靈官殿入殿口放置數根重約五十公斤的鋼鞭，意為靈官爺的刑具。道教稱靈官爺有三隻眼，能識人間善惡，且鐵面無私。過去，在信士中凡是有過之人，見鋼鞭便嚇得魂飛魄散。古有楹聯為證，上聯是「天知地知未有不知」，下聯是「善報惡報遲早要報」，橫聯「善惡分明」。

　　殿內陳列六塊歷代皇帝在武當山舉行齋醮活動的記事碑。它們分別是：

　　第一塊碑記是公元一四二五年二月，明代仁宗皇帝派遣禮部侍郎胡瑩致祭於真武神；

■宣宗皇帝朱瞻基（公元一三九八年至一四三五年），漢族，明朝第五位皇帝。明仁宗朱高熾長子，幼年就非常受祖父與父親的喜愛與賞識。永樂九年（公元一四一一年），被祖父明成祖朱棣立為皇太孫，洪熙元年，即公元一四二五年即位，年號宣德。在位期間與明仁宗時期並稱「仁宣之治」。

第二塊碑記載宣德元年（公元一四二六年），宣宗皇帝派遣太常寺丞袁正安致祭於北極真武之神；

第三塊碑刻記載，正統元年（公元一四三六年）英宗皇帝派遣平江北左鎮致祭於北極真武之神；

第四塊碑記載，天順元年（公元一四五七年）英宗皇帝派遣定西侯蔣琬致祭；

第五塊碑記載景泰元年（公元一四五〇年），景帝朱祁鈺派遣翰林院侍講徐瑾致祭；

第六塊碑記載，成化元年（公元一四六五年）憲宗皇帝派遣沈瑤致祭。

從以上的碑刻記載中可以看出，在當時武當山的政治地位是多麼重要。明代歷代皇帝都在登基當年朝拜和致祭真武大帝。尤其是英宗皇帝，他曾兩次任帝，兩次都在登基致祭。由此可見，君權神授的思想，在明代時期的影響是極深的。

朝拜殿於永樂年間敕建，清代康熙皇帝親筆書額「大岳太和宮」。該殿磚石結構，歇山頂式，屋頂飾有綠色琉璃瓦。殿內為券拱式梁架，牆體下部

為石雕須彌座，面闊進深為一間，殿內陳列著真君、金童、玉女和八尊從官神像。過去由於封建等級制度極為嚴格，武當山又稱皇家廟觀，紫禁城內只有七品以上的官員和名人才能透過，朝山信士因不能進入紫禁城，只能在這裡朝拜，故稱「朝拜殿」。

■明世宗朱厚熜（公元一五〇七年至一五六六年），明朝第十一位皇帝，明憲宗庶孫，明孝宗之侄，明武宗堂弟，興獻王朱佑杬嫡子。在位四十五年，他早期整頓朝綱、減輕賦役，對外抗擊倭寇，後史譽之謂「中興時期」。

在朝拜殿門的兩旁立有兩塊銅碑，一通是公元一五六〇年二月明世宗敕建雷壇設像的記事碑，碑文由都察院左副都御史鄔卿所書，記載了在天柱峰北天門外建雷壇、造金像的事跡。

另一通是明世宗遣臣致祭真武碑，碑上刻有二龍戲珠圖，下刻「御製」二字，碑邊縷刻龍、雲等圖案。碑文為遣工部右侍郎陸杰祭北極佑聖真君所書。

在朝拜殿前的兩側是鐘樓和鼓樓，鐘響如雷，波及百里，與方圓百里的九宮九觀遙相呼應。道人以鐘板為號令進行著有序的修煉生活，俗稱「晨鐘

暮鼓」。殿的左前方有一座小殿堂為萬聖閣，裡面供奉道教傳說中的各路神仙。

【閱讀連結】

在中國歷史上，明代初年的「靖難之變」中，建文帝朱允炆的下落一直是一個未解之謎。在被自己的叔父、後來的永樂帝朱棣奪取皇位之後，建文帝去了哪裡卻無人知曉，因而這件事成為中國歷史的「四大謎案」之一。

朱允炆，明朝第二位皇帝。明太祖朱元璋之孫，懿文太子朱標第二子。他生於公元一三七七年十二月五日，即洪武十年。因早慧、孝順和正直，深得祖父朱元璋的鍾愛。朱元璋駕崩幾天後，朱允炆於公元一三九八年六月三十日在南京即位，時年二十一歲，年號「建文」，在靖難之變後下落不明。

據說明代永樂年間，禮部侍郎胡瀅曾受明成祖朱棣的祕旨，在湖北、四川、雲南等地查證建文皇帝的下落。當時，常有錦衣衛在武當山一帶祕密活動。據史料記載，胡瀅曾在一次上朝前，與永樂皇帝耳語了幾句話，朱棣聽後十分興奮，當朝就宣布胡瀅擔任禮部侍郎一職。大臣們由此猜測，胡瀅和皇上說的密語就是有關建文皇帝下落的結案。但是結案究竟什麼結果，一直是個謎。

▎與太和殿相媲美的特色金殿

武當山太和宮有一處國寶級金殿，堪與北京故宮的太和殿相媲美，它就是金殿。金殿也稱大岳太和宮，地處天柱峰的頂端，故又稱「金頂」。來到金頂，彷彿置身於仙境，金殿居中，後有聖父、聖母殿，左有簽房右有印房。其布局之合理，主次之分明，堪為中國古代建築之典範。

■大岳太和宮

金殿建於公元一四一六年，重檐廡殿式屋頂，脊飾龍、鳳、獅子、海馬、天馬等飛禽走獸。四壁用隔扇門裝飾，額枋施線刻旋子圖案，殿內天花及壁上鑄線飾流雲紋樣，線條圓潤流暢，地面是紫色海洋化石紋石墁地，洗磨光潔，富麗堂皇。殿堂面闊三間，殿為銅鑄，重達一萬公斤，通體鎏以赤金。

　　榫卯也稱斗榫，就是指在兩個木構件上所採用的一種凹凸結合的連接方式。凸出部分叫榫或榫頭；凹進部分叫卯或榫眼、榫槽。這是中國古代建築、家具及其他木製器械的主要結構方式。

　　大岳太和宮，是由後來永樂皇帝加封的。金殿的造型和北京故宮太和殿的造型極為相似。朱棣將「太和」二字用於武當山，名為大岳太和山，大頂金殿命名為大岳太和宮。「太和」即「道」，意為「天下太平」之意。北京故宮的金鑾殿下有「奉天殿」，就是奉上天之意。奉天殿與武當山大岳太和宮同為一體，意味著朱棣坐鎮的江山穩固，不僅達到了「君權神授」的政治目的，也符合了道教所追求的「天人合一」的思想境界。

　　據說，金殿是在京城鑄造的，途經運河到長江，到漢江，再運到武當山。為了確保金殿安裝工程，公元一四一六年九月初九，朱棣特別敕教督何浚護送金殿船兵小心謹慎，船上不許做飯。

　　金殿是用數以千計的銅製構件榫卯安裝而成，採用當時最先進的製造工藝製成。中國古代鑄造家們已將冷縮的係數計算得精確至極。無論外面風雷雨電，金殿內的長明燈一閃不閃，這是因為空氣不能對流的緣故。

　　來到此地的外國專家曾稱讚：武當山金殿是世界的掌上明珠。武當山元、明兩座金殿已經列入國家第一批文物保護單位。聯合國教科文組織將武當山古建築群正式列入《世界文化遺產名錄》，兩座金殿在武當山古建築史中占據了重要地位。

■太和宮金殿匾額

金殿內上方懸掛「金光妙相」的金匾，是清代康熙皇帝親書，意思說殿內銅鑄鎏金的真武大帝玄妙的神像。銅像鑄鎏金飾品，著袍襯鎧甲，豐姿魁偉，頗有胸懷大志的帝王之像。自明代以來，名人墨客頂禮膜拜，被擁戴為「四大名山皆拱揖，五方玄岳共朝宗」的英明方神。

關於真武神像的來歷有兩種說法，一種說法是明代永樂皇帝朱棣的像。相傳明初，明成祖朱棣以靖難之役登上皇位後，皇親貴族有些不服，但又不敢言怒，只好都信奉道教。朱棣得知這些情況，與軍師姚廣孝商量後決定在武當山大興土木，遣工部侍郎郭進和隆平侯張信、駙馬都尉沐昕等，建造了規模宏大的宮觀廟宇。並在全國詔告畫家，繪畫武當山主神真武像。前七十一名畫家都被殺害，輪到第七十二名的是高麗族姓姬的畫家。姬畫匠赴京前已將後事安排妥當，並沒打算活著回來。

「靖難」代表平定禍亂，掃平奸臣的意思。明朝第一個皇帝明太祖朱元璋為了鞏固朝綱，兒孫分封到各地做藩王。他死後，孫子建文帝即位。建文帝採取一系列削藩措施，嚴重威脅藩王利益，坐鎮北平的明太祖第四子燕王朱棣起兵反抗，隨後揮師南下，史稱「靖難之役」。

■太和宮轉運殿

　　當執事太監引見姬畫匠時，朱棣正在沐浴。朱棣聽說畫匠已到，便穿上浴衣出來接見。畫匠叩拜皇上時，朱棣說了聲「請抬起頭來看」，並會意地向畫匠點了點頭。

　　聰明的姬畫匠，在第二天早時就將畫像獻給了皇上。朱棣看後欣然大笑，當即硃筆御批交工匠趕製鑄造。這位姬畫匠也被封為皇宮畫師，得了高官厚祿。原來這畫像就是姬畫匠作叩拜時，朱棣皇帝的披髮跣足的英姿。武當山宮觀主神均是真武像，從此朱棣就不愁誰也不拜在他的腳下了。

■諸葛亮（公元一八一年至二三四年），字孔明、號臥龍，漢族，今山東臨沂市沂南縣人，三國時期蜀漢丞相、傑出的政治家、軍事家、發明家、文學家。在世時被封為武鄉侯，死後追諡忠武侯，東晉政權特追封他為武興王。諸葛亮為匡扶蜀漢政權，嘔心瀝血，鞠躬盡瘁，他在後世受到極大尊崇，成為後世忠臣楷模，智慧化身。

此外，為了保護太和宮內的金殿，在金殿下面位置，還有一處轉運殿，又名轉展殿。據說，這裡本是元代的銅殿，明永樂年間大修武當時，明成祖朱棣因其規模小而另鑄了後來的金殿，下旨將元代銅殿轉運至金殿下面保存，同時建一座磚石殿加以保護。因為這座銅殿是從天柱峰上轉運下來的，所以這座殿房被稱為轉運殿。

此殿始建於元大德十一年（公元一三〇七年），脊高二點四四公尺，面闊、進深均為二點一六五公尺，懸山頂式，仿木結構，造型古樸凝重，瓦棱、檐牙、棟柱、門隔、窗櫺、門限等諸形畢具，殿體還纏刻有銘文，是研究元代武當山建築的重要實物資料。

中國自古就有「北建故宮，南修武當」的說法。武當山地處秦巴山脈的頂端，不僅有名聞天下的金頂奇觀，更是歷來的軍事要塞，三國時期，諸葛亮就是建議劉備從這裡入川的。

當年，朱棣於靖難之役後奪了姪子朱允炆的皇位，朱允炆不知去向。有人說朱允炆逃到了海外，也有人說朱允炆到武當山出家了，更有人稟報皇上說在雲南某個寺廟，一時間眾說紛紜。可是無論朱允炆走到哪裡都是朱棣的一個禍患。朱棣決定大修武當，並派密臣以尋找張三丰為由四處打聽。每天役使三十萬軍民夫匠修建武當，使武當形成了華中腹地的一個軍事重鎮。

公元一八四九年，太和宮的皇經堂得以重建。皇經堂始建於明永樂年間，是當年道教設醮和早晚開壇功課的場所，也是武當山保存最完好的一處清代木雕作品。

皇經堂屋頂裝飾翠綠魚琉璃瓦，面闊三間，前為廊後為檐，正面為全開式格扇門。額書「白玉京中」四個大字，剛勁有力，金碧輝煌。道家稱天上有白玉京，是神仙的居處。又說「老子上處玉京，為神王之宗」。意思是諸神在皇經堂內就如同在天上的白玉京中。額坊隔扇門上有木製浮雕，描繪了眾多道教人物故事和珍禽神獸，雕工精細，形象生動。

殿懸掛的金匾上書「生天立地」四個大字，是清道光皇帝親筆御賜。殿內供奉的主神是真武，兩邊侍從是金童玉女。左邊供奉的是三清尊神，右邊奉著觀世音，道教稱「慈航道人」，這是道教中全真教派三教合一的產物。殿內依次排列的還有靈官、呂洞賓及八仙。

【閱讀連結】

關於真武神像來歷的第二種說法是，由元代畫家、書法家吳興赴所畫。據明代「山志」記載，元代大文學家虞集在《嘉慶圖序》中敘述：「……真武像，吳興赴公子昂寫其夢中所見者，而上清羽士方壺子之所臨也」。他接著詳細地描述了「天人披鬢，跣足、玄衣、寶劍、坐臨岩谷」，天人對他說：「你善繪事，追步顧陸，凡吾真儀，子善記錄，審而傳之……」言畢冉冉而升。就這樣，吳興赴半夜夢醒，畫了第一幅夢中所見真武大帝之像，傳給了畫家上清道士方壺子，方壺子臨摹了數十幅廣傳各宮觀。從此，真武神像便流傳開來。

川西第一觀　成都青羊宮

　　青羊宮為川西第一道觀，坐落在成都西南郊，南面百花潭、武侯祠，西望杜甫草堂，東鄰二仙庵。相傳青羊宮宮觀始建於周，初名「青羊肆」。

　　據考證，三國時取名「青羊觀」。至唐代先後更名「玄中觀」和「玄中宮」。五代時改稱「青羊觀」，宋代又復名為「青羊宮」，直至今日。

▍周代時為紀念道仙而建觀

　　春秋末期，周代有一個精通曆法，善觀天文的大夫名叫尹喜。傳說，他自幼究覽古籍，習占星之術，能知前古而見未來。

　　有一天，他在觀看天象時發現，一團祥瑞的紫氣正由東向西移動。據此天象，尹喜斷定一定有聖人將要經函谷關西去。於是他辭去大夫之職，去了偏僻的函谷關任關令。

函谷關是中國歷史上建置最早的雄關要塞之一，因關在谷中，深險如函，故稱函谷關。這裡曾是戰馬嘶鳴的古戰場，素有「一夫當關，萬夫莫開」之稱。這裡又是中國古代思想家老子著述五千言《道德經》的地方。千百年來，眾多海內外道家、道教人士都到這裡朝聖祭祖。

上任伊始，尹喜就吩咐一個叫孫景的關吏，若有容貌奇特的人過關，一定要立即告訴他。不久，有一天中午，尹喜午睡，他在朦朧中忽然聽到了天空中的仙樂，看到了氤氳的紫氣。

尹喜從夢中猛然醒來，只見孫景急急忙忙來報說，有一相貌奇特的老人騎著青牛正準備過關。尹喜聽到孫景的報告，抑制不住內心的激動，立即收拾好客房，整好衣冠前去迎接。

■青羊宮山門前的石獅

尹喜很快見到了那位相貌奇特的老人，果然氣度非凡，鬚髮如雪，臉色紅潤，大耳垂肩，白色的眉毛足足有五寸多長。於是尹喜就恭恭敬敬地跪請他在函谷關住上幾天。

後來，老人見尹喜是個可度之材，便答應在函谷關暫住。老人在函谷關住了一百多天，向尹喜傳授修煉之術，著書五千餘字後離去。臨別時，老人

對尹喜說，「你知道嗎？我便是很多人都認識的老子，你須繼續修煉。千日之後，你可到蜀國青羊之市找我。」

傳說，老子在離開函谷關後，他的真身就投胎在蜀中李姓人家。為了哄嬰兒開心，李姓家將一條青龍變作青羊，讓牠整天陪著嬰兒玩耍。而尹喜完成《關尹子》時，正好是老子離去後的一千日。

■青羊宮説法台壁畫

據西漢文學家揚雄所著史書《蜀王本紀》載：

揚雄（公元前五三年至公元一八年），字子雲，西漢官吏、學者。今四川成都郫縣友愛鎮人。少年時好學，為人口吃，博覽群書，擅長辭賦。在他四十歲時，離開家鄉，前往京城，成帝見他文采好，便將他封為黃門郎。是繼司馬相如之後西漢最著名的辭賦家。

老子為關令尹喜著《道德經》，臨別曰：「子行道千日後，於成都青羊肆尋吾。」

千日之後，尹喜如約來到成都的青羊之市，卻找不到師父，心裡十分焦急。後見一家僮牽著一隻青羊，他就立即上前打聽。

家僮說：「我家小主人十分喜歡和這青羊玩，如今我剛找到牠，正要帶牠回去呢。」

尹喜一聽，心中便明白了。於是他請家僮幫忙，到家後對小孩大喊「尹喜來了」。

家僮話音剛落，剛才還在為青羊走失而哭泣的小孩立即破涕為笑。

霎時間，李姓府第內湧起一座金光四射的蓮花寶座，那小孩也化為數丈高的白金之身，頭頂光環，端坐在蓮花寶座上，說：「我本是太上老君，太微同宅，為一真身，隨時變化，你們不必害怕。」

據傳，佛祖釋迦牟尼和觀世音菩薩都頗愛蓮花，常用蓮花為座，自此所有寺院裡的佛像都是以蓮花為寶座，稱之為蓮花座。此座都做六角形，下部做一個須彌座，其上枋、下枋都做三重或做四重，束腰部分每面雕刻一門，上下做仰蓮與伏蓮。

老子又對尹喜說：「從前因你修煉不到，所以才沒有讓你隨我西行。如今你功德圓滿，是隨我列入仙界的時候了。」於是老子召來仙界諸神，授予尹喜玉冊金文，封其為無上真人。之後，尹喜便跟著老子飛天成仙了。

後來，人們為了紀念老子和尹喜成道升仙，就在他們白日飛昇的地方建了一座道觀，取名為「青羊肆」。道觀建成後，這裡便成了神仙聚會、老子傳道的聖地。

■青羊宮內古老的石刻

為了紀念老子，人們又在青羊肆內的一座土坡之上建「降生台」和「說法台」。左邊的「降生台」塑有一白髮嬰兒，他便是剛出世的老子，相傳老子分身降化於此。右邊是「說法台」，台上塑有老子對關令尹喜說法之像。

在三國時期，「青羊肆」被改名為「青羊觀」。到了唐代，因唐玄宗曾避安史之亂而居於青羊觀內，「青羊觀」更名為「玄中觀」。

安史之亂是唐代於公元七五五年十二月十六日至公元七六三年二月十七日所發生的一場政治叛亂，是唐由盛而衰的轉折點，也造成唐代藩鎮割據。由於發起叛唐者以安祿山與史思明二人為主，故事件被冠以安史之名。又由於其爆發於唐玄宗天寶年間，也稱天寶之亂。

公元八八一年，唐僖宗為避黃巢之亂而逃去四川，並在玄中觀駐營。據記載，有一天，唐僖宗在觀內忽見紅光如毯入地，挖得一塊玉磚，上面刻著古篆文：

太上平中和災

■降生台上的現存建築

■青羊宮唐王殿

後來，唐僖宗返回長安後認為此事是太上老君的恩典，特下詔令，大建青羊觀殿堂，改「觀」為「宮」。後來一直保存下來的青羊宮格局，如主殿三清殿又名無極殿就是在當時建成的。

當時，在「降生台」和「說法台」中間還增建了「紫金台」，又名「唐王殿」，塑有唐王李淵夫婦之像和其子李世民之像。「降生台」、「說法台」和「紫金台」後被合稱為「後苑三台」。

後苑三台按中軸線對稱格式布局，十分嚴謹，形成了青羊宮整個建築群的有力壓軸。

唐王李淵（公元五六六年至六三五年），字叔德，祖籍今甘肅秦安西北。唐朝開國皇帝，史稱唐高祖，傑出的政治家和策略家。他出身於北朝的關隴貴族，隋末天下大亂時，李淵乘勢從太原起兵，攻占長安。公元六一八年五月，李淵稱帝，改國號唐，定都長安，不久之後便統一了全國

■青羊宮的唐王殿

在唐代時，青羊宮主要由山門、靈祖殿、混元殿、八卦亭、三清殿、斗姥殿、唐王殿和降生台等構成。其建築由南而北，由低漸高，安置在同一中軸線上，形成蔚為壯觀的宮觀群落，宮內林木森森，法相莊嚴。

這樣一來，由於唐代皇帝的影響和寺觀的大肆擴建，玄中宮很快便成為了唐末四川最大、最有影響的宮觀。五代時，「玄中觀」改稱「青羊觀」，宋代時又復名為「青羊宮」。

宋代著名詩人陸游在《梅花絕句》中寫道：

當年走馬錦城西，曾為梅花醉如泥。

二十里中香不斷，青羊宮到浣花溪。

陸游（公元一一二五年至一二一〇年），字務觀，號放翁，浙江紹興人。南宋詩人。少時受家庭愛國思想薰陶，高宗時應禮部試，為秦檜所黜。孝宗時賜進士出身。中年入蜀，投身軍旅生活，官至寶章閣待制，晚年退居家鄉。他創作的詩歌很多，存九千多首，內容極為豐富，多為抒發政治抱負，反映人民疾苦。抒寫日常生活的，也多清新之作。

絕句起源於兩漢，成形於魏晉南北朝，興盛於唐朝，當時都是四句一首，稱為「聯句」，《文心雕龍·明詩》所謂「聯句共韻，則柏梁餘制」。唐宋兩代，是中國經典詩歌的黃金時代，絕句風靡於世，創作之繁榮，名章佳什猶如群芳爭豔，美不勝收，可謂空前絕後。

從詩中可想見青羊宮當時的盛景。公元一一六七年，全真道的始創人王重陽在青羊宮創立了以道教為主，兼融儒教和釋教的全真道派。

元太祖西征期間，王重陽的弟子丘處機因應詔赴西域大雪山謁見元太祖，元太祖因此特別禮遇他，並命其掌管道教，在各地大建宮觀。丘處機掌教時間長達二十四年，這期間他在政治和社會上積極發揮自己的影響，使全真道的發展進入了興盛時期。

但到明代後，由於明代朝廷重視正一道，全真道由盛轉衰。在明朝中期，青羊宮再也沒有出現過唐宋時期的盛況，而且青羊宮許多殿宇也不幸毀於天災兵燹，破壞特別慘重。

在明朝時期，青羊宮的主要建築有：山門、三清殿和斗姆殿。山門是青羊宮的第一座建築，其左邊塑有土地神和青龍像各一尊以及公元一一五年冬立的「皇恩九龍碑」一座。

山門右邊塑有白虎像一尊，並有七星樁，上刻有道教祕傳天書雲篆，根據中天北斗七星布局，稱為北斗七星樁。還有龍鳳樁、大石獅一對和龍王井一口等。

雲篆是中國道教所獨有的一種文字，它是在篆體漢字的基礎上創造出來的，這種字體為道教所專用，其辨識困難，充滿了神祕的色彩，人們對其知之甚少，所以又稱它為「雲篆天書」。在道教各種科儀法會、煉養修持中，隨時隨地都可見到這些神祕的符號。

三清殿殿前左陳一鐘，名曰「幽冥鐘」，重約三千多公斤。右配一應鼓，名曰「風雷鼓」每逢初一、十五和吉慶大典便擊鼓鳴鐘，晨鐘暮鼓，幽遠清晰，給人以更加寧靜的感覺。

斗姆殿為樓底式建築。殿內供奉的斗姆是道教信奉的一大女神。道書中說她名紫光夫人，共生了九個兒子即九皇，分別是：玉皇、紫微、貪狼、巨門、祿存、文曲、廉貞、武曲和破軍。

■青羊宮玉皇樓

　　斗姆額有三目，肩有四首，左右各出四臂，為三目四首八臂的女神，神像慈容照人，她是一位掌人間生死罪福的天神。在她右邊供奉的是女仙之首西王母，即民間所說的王母娘娘。

　　斗姆左邊奉祀的是土皇地祇，為執掌陰陽生育和萬物之靈與大地山河之秀的女神。道書中稱「承天傚法厚德光天聖后土皇地祇」，即民間所稱「地母」。兩邊分別塑有南斗六星和南極長生大帝，即壽星和北斗七星。

■ 青羊宮石刻

【閱讀連結】

宋代以後，中國的道教不斷出現新思維，吸收新思想。由元朝始，道教遂分成正一和全真兩大派，並一直衍傳至今。

全真派道士不飲酒茹葷，不立家，授徒傳教，為出家道士。如四川青城山。正一派道士則不然，可以成家，雖有齋戒，但非齋期可以吃酒肉，為在家道士，又稱火居道士。如江西龍虎山。

道教在發展中，因不斷侵占佛教寺院，引起佛僧不滿，後全真道遭到沉重打擊。元代時期又漸恢復，明代以後道教則相對衰落。

在清代時期得到持續發展

到了清代，青羊宮又香雲繚繞、燭影搖紅。後來青羊宮形成較為完善的規模建築，均始自清代康熙年間陸續重建恢復，以及同治與光緒年間的多次維修。

三清殿前的獨角銅羊

每年農曆二月十五日既是青羊宮傳統的廟會日，又是青羊宮歷史悠久的「花會」日，屆時宮內香煙繚繞，磬聲悠悠，人如潮湧。宮外各種名花異卉爭奇鬥妍，流香溢彩，人來人往，車水馬龍，熱鬧非凡。

磬聲指擊磬的聲音。其中，這裡的「磬」指中國古代的打擊兵器，形狀像曲尺，用玉、石製成，可以懸掛。其也是佛寺中使用的一種鉢狀物，用銅鐵鑄成。這裡的「磬聲」便是敲擊這種鉢的聲音。

在清代時期，青羊宮的主要建築有：山門、三清殿、玉皇殿原殿、混元殿、靈祖殿、八卦亭和二仙庵等。

其中，青羊宮的山門是在乾隆年間修繕的，此門莊嚴宏偉，龍虎等吉祥物雕鑲在飛檐壁柱上，雕刻精細，造型典雅。金字橫匾「青羊宮」高懸在山門上方。此匾為當時成都華陽縣令安洪德的墨跡，筆力遒勁。

安洪德，山東聊城人。拔貢，乾隆時期中知華陽縣。建置溪書院、安順橋等，自出俸錢，不煩民力。工書，筆法蒼勁。乾隆八年，即公元一七四三年，華陽令安洪德、成都令夏紹重修青羊宮。安洪德題寫「青羊宮」，筆力遒勁，現高懸在山門正上方。

比重建山門的歷史更悠久的是青羊宮的第三重大殿三清殿，此殿重建於康熙八年，即公元一六六九年。殿基長四十公尺，為正方形，總面積公元一千六百平方公尺。

■青羊宮內三清殿前的香爐

在三清殿中的兩側，左右各有一隻銅質青羊，它們是青羊宮的象徵。三清殿大門左側的獨角銅羊十分奇特，擁有十二屬相的特徵，似羊非羊，有羊

鬍、牛身、雞眼、鼠耳、龍角、猴頭、兔背、蛇尾、豬臀、狗肚、虎爪和馬嘴等形象。

據史載，這尊獨角銅羊是公元一七二三年大學士張鵬翮從北京買來捐贈給青羊宮的。俗傳，用熱手摸銅羊的冷肚皮能治病祛醫，可求福祛災。

三清殿右側的銅質青羊是雙角的。此羊是成都信徒為配左側的獨角銅羊，特地請雲南的匠師於公元一八二九年鑄造的。兩只銅質青羊左右相守，相映成趣，也給人們帶來了無窮的趣味和遐想。

在三清殿外檐柱上雕刻著六合童兒、雙獅戲繡球等藝術木雕。大殿兩邊還塑有十二金仙，分別是：廣成子、赤精子、黃龍真人、懼留孫、太乙真人、靈寶大法師、文殊廣法天尊、普賢真人、慈航道人、玉鼎真人、道行天尊和清虛道德真君。三清殿殿內共有三十六根大柱，其中木柱八根，代表著道教的八大天王；石柱二十八根，代表天上二十八星宿。此殿建築宏偉而莊嚴，在中國非常少見。

廣成子為小說《封神演義》中「十二金仙」之一，是古代傳說中的神仙。是傳說中的黃帝時期的汝州人，住臨汝鎮崆峒山上。為道家創始人，位居道教「十二金仙」之首。傳說廣成子活了一萬兩千歲後升天，在崆峒山留下了兩個升天時的大腳印。

青羊宮內的玉皇殿是道觀的第五重大殿，原殿建造於清道光年間，殿內樓上供奉玉皇大帝，樓下前供奉三官大帝，後供奉紫微大帝和真武大帝像。

和玉皇殿在同一時期內重建的是青羊宮的第二重大殿混元殿，此殿重建於清光緒年間，占地面積六百一十六平方公尺，有石柱二十六根，木柱二根，柱上雕刻有鏤空的鹿、鳳凰望月。雙獅戲球等圖案，形象生動活潑。

相傳，在北宋時期，宋真宗崇奉道教，封太上老君為混元上德皇帝。殿內正中供奉的就是「混元祖師」，祖師面容慈祥，手持混元乾坤圈。將圈拉伸便是「一」字，故它展示著世界的本原還處於混沌狀態，而祖師開天闢地，使「道生一，一生二，二生三，三生萬物」。

乾坤圈是一種在手擲暗器中，獨具特色的武器，乾坤圈又名陰陽刺輪，是最鋒利的暗器之一。乾坤圈是用大小合適的皮袋攜帶，大半圈放進去，小半圈握手處露出來，以便取用。取圈時要注意輪刺，一不小心就會傷著自己的手。

後殿供奉的是「慈航道人」，她本是道教十二金仙之一，是一位男仙，後因見世界苦難重重，女子無出家修行之路，便轉世為女身，修奉佛法，從此才有女子出家修行之路。真人端坐蓮台，容貌秀麗慈祥，遍灑甘露普度眾生，故道教和佛教都供奉這位慈愛的「女神」。

在光緒年間重建的建築還有青羊宮內的第一大殿靈祖殿，此殿占地四百二十坪。殿宇為樓底式結構，各種雕刻圖案，細緻美觀。殿寬二十七公尺，深十五公尺，高二十公尺。樓上供奉有「先天首將王天君」像，亦稱「玉樞火府天將」。相傳為北宋時期的王善，曾師從蜀人薩守堅學習道教符法，為北宋末著名道士林靈素再傳弟子，死後由玉皇封為「先天主將」，明永樂年間封為「隆恩真君」，主管天上、人間糾察之職，成為道教的護法主將。

薩守堅又稱薩真人、崇恩真君。宋代著名道士，號全陽子。一說為蜀西河，今四川郫縣唐昌鎮人，一說為南華山今廣東曲江縣南人。傳說，他於陝西路遇神霄派創始人王文卿、林靈素及龍虎山三十代天師張虛靖，三道人各授一法與他。在道教中，他與張道陵、葛玄、許遜共為四大天師。

青羊宮內的八卦亭坐落在三清殿與混元殿之間，突出地體現了道教教義特徵，是一座標誌性的建築物。八卦亭重建於清同治年間，布局緊湊，精巧大方，占地總面積為兩百八十九平方公尺，整體建築共有三層，建於重台之上。

亭座石台基呈四方形，亭身呈圓形，象徵古代天圓地方之說；兩重飛檐鴟吻，四周有龜紋隔門和雲花鏤窗，南向正門是十二屬相太極圖的浮雕，造型古樸典雅，形象地表述了道教精深的宇宙生成學說。

■青羊宮內混元殿匾額

■青羊宮二仙殿

整座亭宇都是木石結構，相互斗榫銜接，無一楔一栓，而是用枋、梲、枔、栱等鑿成穿孔，斜穿直套，縱橫交錯，絲絲入扣。

八卦亭亭高約二十公尺、寬約十七公尺，底座呈四方形，赭色石板欄杆，上下兩層均為八角形。每層飛檐都精雕著獅、象、虎、豹，各種獸物鑲嵌在雄峙的翹角上。屋面為黃綠紫三色琉璃瓦，屋頂蓮花瓣襯托著獨具風格的琉璃葫蘆寶鼎，高約三點六公尺，造型優美，甚為壯觀。

雙排擎檐石柱共十六根，皆由巨石鑿成。高約四點八公尺，直徑約零點五公尺。其中，騰雲駕霧、栩栩如生、浮雕鏤空的八條金龍，盤繞在黑柱上，氣勢磅礴，色彩分明，是中國罕見的石雕藝術珍品。

■青羊宮八卦亭

傳說，在八卦亭重建完工之際，向北對著三清殿的右首石柱上的盤龍復活，企圖離柱升天而去，恰遇道長夜觀星象發現，便以神拳將它釘死在石柱上。後來，這個柱頭上還一直保留了那個拳頭印。

除了以上的殿堂和八卦亭之外，在青羊宮的東邊，還有一個古老的花園，此地占地約七十畝，過去是專門作為接待青羊宮的達官貴人及知名人士之用。

公元一六九五年，四川按察使趙良璧在花園處創建了另外一個獨立的道觀二仙庵。

二仙庵建成後，同祀呂洞賓與韓湘子諸神，其名青羊二仙庵，即青羊宮的別館。趙良璧親書門匾「二仙庵」和橫匾「心性」。

後來，趙良璧遷官浙江藩司，「恐日後裡甲頭人，雜借名色擾亂二仙庵」，他親自去請學識淵博，精通儒道經義的全真道士陳清覺主持庵事。趙良璧因深知陳清覺道義深遠，所以特別敬佩他。於是，陳清覺便成為二仙庵開山真人。

藩司全稱承宣布政使司，為明清兩朝的地方行政機關。明朝時為國家一級行政區，簡稱布政使司、布政司、藩司，俗稱「省」，負責一級行政區的民事事務。布政使司設左、右承宣布政使各一人，即一級行政區最高行政長官。

趙良璧臨行前，命畫工畫陳清覺及自己的像存於二仙庵中。公元一七〇二年康熙欽賜御書「二仙庵」和「丹台碧洞」匾額，並宋代張紫陽真人《悟真篇》詩一章，還賜珊瑚、金盃等物，又敕封陳清覺為「碧洞真人」。於是，陳清覺遂在二仙庵開啟了龍門派分支碧洞宗，二仙庵被尊為碧洞宗之祖庭。

匾額是古建築的必然組成部分，相當於古建築的眼睛。匾額一般掛在門上方、屋簷下。當建築四面都有門時，四面都可以掛匾，但正面的門上是必須要有匾的。匾額是中華民族獨特的民俗文化精品。

陳清覺主持庵事時，他為了培修道觀，節衣縮食，稍有薄蓄，便拿出白銀數十兩，置買棗子巷田業兩大股，復以餘資創建來鶴亭，塑呂洞賓、韓湘子騎白鶴塑像於其中。

■青羊宮旁邊的二仙庵

隨後，陳清覺又在二仙庵內，建呂祖殿，祀呂洞賓；建斗姥殿，祀斗姥；建御書坊於來鶴亭之西，供奉康熙皇帝御書《赤龍黑虎詩》石碑於其中；建二仙殿，祀呂洞賓、韓湘子，由此而奠定了整個二仙庵的建築格局。

　　清光緒末年，二仙庵發起巨創，刊刻《道藏輯要》經版，共一點三萬餘塊，皆以梨木雕成，每塊雙面雕刻，版面清楚，字跡工整，以二十八宿為次序，印刷成書便為兩百四十五本。

　　《道藏輯要》集周秦以下道家子書，六朝以來道家經典、輯道家哲學、道教歷史、氣功丹法、天文地理、醫學和易學等，集中國幾千年傳統文化之精髓，為中國道教典籍保存最完整存版，是極為珍貴的道教歷史文物。

【閱讀連結】

　　在青羊宮的八卦亭內塑有老子法像，尤其是他西出函谷關模樣和青牛之頭西望，有聯云：「問青牛何人騎去，有黃鶴自天飛來」，充分說明了道家源遠流長的歷史與精闢的哲學理論。

　　「八卦亭」布局緊湊，精巧大方，整座亭共雕有八十一條龍，象徵老子八十一化。另有六十四卦，是根據道教陰陽八卦的學說而設計的，也是道教教理「天圓、地方，陰陽相生，八卦交配成萬化」的哲理象徵。故取名「八卦亭」。

西安最大道觀　萬壽八仙宮

萬壽八仙宮，又名八仙庵，是西安最大、最著名的道教觀院，位於西安市東關長樂坊北火巷十二號，始建於宋，是唐興慶宮局部故址。

萬壽八仙宮是道教全真派十方叢林，八仙宮以其美麗動人的「八仙」傳說而享譽海內外，被視為道教仙跡聖地，是西安市保存最完整的一座道觀。

宋代時為祭祀道仙而建庵

祭祀是華夏禮典的一部分，更是儒教禮儀中最重要的部分，禮有五經，莫重於祭，是以事神致福。祭祀對象分為三類：天神、地祇、人鬼。天神稱祀，地祇稱祭，宗廟稱享。祭祀的法則詳細記載於儒教聖經《周禮》、《禮記》中，並有《禮記正義》、《大學衍義補》等書進行解釋。

據撰刻於公元一六六八年、重修於公元一八一九年的《咸寧縣志》和撰刻於公元一七七九年的《西安府志》碑刻記載：

八仙庵在長樂坊，宋時有鄭生見八仙於此，初建庵。

另有公元一八三二年撰刻的《八仙庵十方叢林碑記》記載：

如八仙庵，自宋迄今，開成叢林……

史料表明：八仙庵始建於宋朝，距今已有九百多年的歷史了。後據對唐代遺存石柱礎的考古認證，八仙庵所在位置就是唐代興慶宮的局部舊址。這裡所說的八仙庵，便是西安的萬壽八仙宮。

■八仙宮大牌樓前的石碑

在現存的八仙宮山門外，大牌樓前立有「長安酒肆」石碑一座，上刻：

呂純陽先生遇漢鐘離先生成道處。

據中國古代志怪小說集《神仙傳》記載：

呂祖初遇鐘離權於長安酒肆，鐘離權為酒肆寄兒執炊，呂祖忽睏倦枕案假寐，夢舉進士，旋署名台諫，含翰苑，富貴榮華，兒孫簪笏，獨相四十年。忽被重罪，籍沒家資，流放嶺南，孑然一身，方發浩嘆，恍然夢覺。

■八仙宮內的古老建築

鐘離在旁微吟曰：「黃粱猶未熟，一夢到華胥。」

呂驚問，鐘離曰：「五十年問一頃耳！人世亦大夢也。」

呂祖感悟，拜求度世。別後，鐘離權遂以十試其心。傳後人在此立祠，以示紀念。

這是關於八仙庵來歷的一種說法之一。另有宋時相傳，此處地下常聞隱隱雷鳴之聲，於是就建了雷神廟來鎮它。

另有傳說：宋末有個叫鄭生的人在雷神廟歇息時，忽然遇到八仙在此聚宴。於是，民間便有了鄭生在此遇「八仙」的傳說。後來，這傳說還被載入了《咸寧縣志》：

宋代有鄭生見八仙顯化於此，因建庵祀之。

又據八仙庵石碑記載，原先這裡有座「雷神廟」，八仙流浪來這裡，他們手捉飛來蟑螂食之，去後留下遍地栗殼，被視為遊戲人間，遂建八仙庵廟祭祀。

元代時，浮雲山聖壽萬年宮道士趙道一修撰《歷代真仙體道通鑑》說，「呂岩於唐會昌時在此遇鐘離權為黃粱一夢所悟遂入道」，更是成為了「八仙」故事的淵源。

歷代有關八仙的說法，可謂是眾說紛紜。但在八仙庵裡，八仙為道教傳說中的鐵拐李、漢鐘離、張果老、何仙姑、藍采和、呂洞賓、韓湘子和曹國舅八位神仙。

鐵拐李是八仙中年代最久，資歷最深者，見諸於文獻則較晚。相傳姓李名玄。曾遇太上老君得道。神遊時因其身誤為徒弟火化，遊魂無所依歸，乃附一餓死者的屍身而起。蓬頭垢面，袒腹跛足，脅夾鐵拐，故名鐵拐李。亦稱「李鐵拐」。

太上老君，老子的化身，亦稱老君。老君是三清尊神中受到最多香火奉祀的神明，道教相信道家哲人老子是老君的化身，度人無數，屢世為王者之師；因其傳下道家經典《道德經》，故稱老君為道德天尊，也被道教奉為開山祖師。在道教宮觀「三清殿」，老君塑像居左位，手執蒲扇。相傳老君居住在太清聖境。

漢鐘離本名鐘離權。相傳，他受鐵拐李的點化而學道成仙，後又度呂洞賓。他開創鐘呂金丹派，道教尊其為北宗道教的「正陽祖師」，全真道始創人王重陽所著全真道五祖七真的專門傳記《金蓮正宗記》列其為「北五祖」之一。

五祖七真是早期全真派眾祖師的總稱。為道教所供奉的十七位仙真。五祖，有南北二宗。南五祖為悟真紫陽真人張伯端、杏林翠玄真人石泰、道光紫賢真人薛式、泥九翠虛真人陳楠、瓊炫紫虛真人白玉蟾；北五祖為東華帝

君王玄甫、正陽帝君鍾離權、純陽帝君呂洞賓、純佑帝君瀏海蟾、輔極帝君王重陽。七真為全真七子。

張果老是唐代人。有關他的記載最早為唐代進士鄭處誨撰寫的《明皇雜錄》。後新舊《唐書》均有《張果傳》。這些書中記載他喜歡倒騎驢。

何仙姑是八仙中唯一的女性。相傳她是住雲母溪，食雲母粉而成仙的，她行走如飛，日往來山中採集奉母。後武則天召她進宮，她中途化仙騰空而去。另有傳說，她是呂洞賓所度的趙仙姑，因手持荷花得名何仙姑。

藍采和有關的傳說，最早見於南唐沈汾所著的《續仙傳》。傳說，他常衣破藍衫，一腳著靴，一腳踝足而行。夏則衫內加絮，冬則臥於雪中，氣出如蒸。乞討時，手執木板，邊走邊歌。討到錢後，他要麼分給窮人，要麼去買酒喝。

■八仙宮內八仙聚會的聚仙閣

呂洞賓又名呂純陽，是唐末五代初的著名道士，自稱回道人、呂祖或純陽祖師，全真道奉為北五祖之一。

傳說他曾兩舉進士不第，遇鍾離權度化得道。他的故事最早流行於北宋岳州一帶，描寫他的小說、戲曲很多。

■韓愈（公元七六八年至八二四年），字退之，漢族，河南焦作孟州人。自謂郡望昌黎，世稱韓昌黎。唐代古文運動的倡導者，宋代蘇軾稱他「文起八代之衰」，明人推他為唐宋八大家之首，與柳宗元並稱「韓柳」，有「文章巨公」和「百代文宗」之名，著有《昌黎先生集》、《外集》十卷等。

韓湘子是道教八仙之一。據唐代大文學家韓愈的筆記小說集《酉陽雜俎》載，他是韓愈的宗侄，性情狂放，擅長奇術，曾在初冬時數日內令牡丹花開數色，每朵又有詩一聯。

曹國舅又名曹景休，他在八仙中出現最晚。相傳，他在宋代時就被收編為呂洞賓弟子，但是關於他的故事遲至元明時期才出現在有關記載之中。

八仙庵建成之際，正是道教始盛之時。到了元代，道教分支成「正一道」和「全真教」兩大教派。其中的「全真教」由於兼容了「佛教」和「儒家」的思想而備受推崇。

八仙庵屬全真教派系。加之，它處在唐興慶宮遺址這一優越的地理位置，歷代帝王將相，達官貴人又多恩惠，因此它久盛不衰，影響較大。

在元代初期，全真教大興，有一個篤信道教的安西王忙哥剌奏請皇帝敕修八仙庵，安西王因「禱嗣獲應」，令耶律總管奏皇妃吉利彌釋降旨敕修庵，在此大興土木，「八仙庵」的建築經此次修繕後已頗具規模了。

　　到了明朝成化年間，永壽王朱尚烌夜夢八仙，於是對八仙庵進行了全面的維修，並親筆題寫了「蓬萊」匾額。此時，八仙庵已成為當時全國著名的道教宮觀。

　　朱尚烌，安徽鳳陽人。明太祖朱元璋的孫子，秦愍王樉的第五子。永樂初，受封永壽郡王，永樂十八年，即公元一四二〇年逝世，時年二十餘歲。謚曰懷簡。死後由子志埑襲封。

■靈宮殿院內的遇仙橋

■萬壽八仙宮

在明正德年間，八仙庵因疾雷自庵中升起，雲中現神異形象，道俗於此建八仙殿並增建雷祖殿。明武宗正德年間又進行了擴建。當時，八仙庵的主要建築有：牌坊、靈宮殿、八仙殿和斗姆殿。

牌坊又名櫺星門，高十一公尺，寬十二公尺，為中國傳統牌樓形式的五斗七樓，構造精緻，氣魄宏偉。山門以至靈宮殿有較為開闊的前庭大院，院內有據道教全真教祖師王重陽甘河遇仙故事建的遇仙橋，以及鐘樓、鼓樓和旗杆。

碑廊存列有趙孟頫寫的老子《道德經》，明代九九山人書寫的《長安酒肆詩》，岳飛所書的諸葛亮《出師表》，以及宋、明代的楹聯、詩、文和畫等作。靈官殿殿為五開間大廳。殿門柱上有楹聯為：

糾察三界神人鐵面無私臨破膽

賞罰九天善惡赤心輔政對生寒

岳飛（公元一一〇三年至一一四二年），字鵬舉，漢族。今河南省安陽市湯陰縣菜園鎮程崗村人。中國歷史上著名策略家、軍事家、民族英雄、抗

金名將。他在軍事方面的才能則被譽為宋、遼、金、西夏時期最為傑出的軍事統帥、連接河朔之謀的締造者。同時他又是兩宋以來最年輕的建節封侯者。他和韓世忠、張俊、劉光世並稱為南宋中興四將。

靈官殿中間供奉道教護法神王靈宮，也就是前面提到的「玉樞火府天將」。

王靈官像兩側，兩邊配有青龍、白虎兩神。

青龍，也稱蒼龍，古代神話之東方之神，是二十八宿中之東方七宿即角、亢、氐、房、心、尾和箕。因其組成龍像，位於東方，色青，故稱青龍。

白虎，是古代神話中的西方之神，是二十八星宿中之西方七宿即奎、婁、胃、昂、畢、觜、參。因其組成虎像，位於西方，色白，故稱白虎。

■八仙宮內的八仙殿

八仙殿內東華帝君塑像

靈官殿供桌正面有「萬壽人仙宮」文字，兩旁聯為：

蟠桃千歲果；

溫樹四時花。

八仙殿是八仙庵主要殿堂，殿門柱上有兩副楹聯，第一副聯文為：

桂殿仿琳宮珠箔銀屏百二關河凝瑞色；

典章垂柱下琅發玉國五千道德著名言。

第二副聯文為：

暮鼓晨鐘警醒全凡黃粱夢東華傳道鐘離授訣廣垂慈度；

朱魚清聲朗詠步應贊洞玄全真間苑琳官新輝共仰仙蹤。

八仙殿殿前還有鐵鑄寶塔形丹爐一尊和鐵鑄長方形大香爐一尊。殿內正中供奉東華帝君，兩邊供奉八仙，從東至西為韓湘子、李鐵拐、張果老、鐘離權、呂洞賓、藍采和、曹國舅和何仙姑。

香爐即是焚香的器具，用陶瓷或金屬作成種種形式。其用途亦有多種，或熏衣、或陳設、或敬神供佛。中國香爐文化的歷史可以追溯到商周時代的「鼎」。香爐起源於何時，尚沒有定論。古代文人雅士把焚香與烹茶、插花、掛畫並列為四藝，成為他們重要的生活內容。

靈官殿內的王靈官

東華帝君領導男仙，常與領導女仙的西王母並稱。姓倪，字君明。在天下蒼生未始時，生於碧海之上，創造萬物。在東方主理陰陽之氣。亦號「東王公」。凡男子成仙必要先拜東王公，仙人升品也要拜。《塵外記》所說與《列仙傳》略同，稱東王公居方諸山上，並說方諸山在東海之內，其諸司命三十五，所以錄天上人間罪福，帝君為大司命總統之。

殿後兩棵參天古柏鬱鬱蒼翠。神像表情生動，衣袂飄飄，各像各有特點。八仙殿是八仙庵裡面香火最旺的殿堂。

斗姆殿正中供奉斗姆像，斗姆像常塑為三目四首，左右各出四臂。斗姆是道教信奉的女神，傳說為北眾星之母。

據《玉清無上靈寶自然北本生真經》載：斗姆原為龍漢年間周御王妃，名紫光夫人，共生九子，先生兩子為天皇大帝和紫微大帝，後生七子為貪狼、巨門、祿存、文曲、廉貞、武曲和破軍，即北斗七星。

明末時期，八仙庵毀於戰亂。後來經過修繕，在清初時，八仙庵已基本形成了道教十方叢林重點宮觀，為西北數省道教徒授受戒律、學習道教知識的主要場所。

【閱讀連結】

在八仙宮的大殿外面有一座巨大的石碑，碑上刻有「長安酒肆」四個大字。傳說，「長安酒肆」為唐代長樂坊一帶老徐家所開，所賣「黃桂稠酒」當時在長安街頗有盛名。

有一天，唐代大詩人李白、賀知章和張旭等八人慕名而來，結果為香氣橫溢的酒而傾倒，此後他們經常來這裡喝酒吟詩，每次都要一醉方休。因而人們為了紀念這酒中八仙，便在此立了塊「長安酒肆」石碑，並修了一座「八仙宮」。

到了後世，道教逐漸受到皇家的重視，後人就把廟宇擴建成了道教呂洞賓、鐵拐李等八仙的道場了。

清代時闢為全真派十方叢林

清康熙初年，著名道士任天然重修殿堂廊廡，擴建東跨院後，在八仙庵開壇放戒，開闢八仙庵成為道教全真派十方叢林。

八仙庵極盛時，其占地面積近百畝，宮內殿堂層疊，樓台環繞，香火不絕。

■慈禧太后（公元一八三五年至一九〇八年），即孝欽顯皇后，葉赫那拉氏，名杏貞，出身於滿洲鑲藍旗的一個官宦世家，咸豐帝的妃子，同治帝的生母。以皇太后身分垂簾聽政或臨朝稱制，為自公元一八六一年至一九〇八年間大清王朝的實際統治者之一，又稱「聖母皇太后」、「那拉太后」、「西太后」等。

公元一七二七年，道士高永勤、董清奇又對八仙庵進行了較大規模的維修。公元一八〇六年，河南著名道士董清奇住持八仙庵。他在任八仙庵住持期間，整頓了十方叢林體制，增建了西跨院。

董清奇是清朝著名道士，道號乞化道人或赤腳道人，河南鄧州人，生卒年不詳，大體生活在清嘉慶年間。他曾於西安西南隅會真庵瘋和洞修行。據說，他赤足托鉢雲遊天下，涉足於陝西、湖北、湖南、甘肅、河南、河北、天津、北京等地，參方訪道、窮理盡性，究察修性淳心除欲之理，時人稱「赤腳仙人」。

道光年間，八仙庵再次得以重修。據公元一八三二年的《十方叢林碑記》記載：

董清奇以後有韓合義、劉合侖開壇放戒，朱教先創建西花園。

同治初年，八仙庵內中殿及全部古柏毀於兵火。之後，道士劉永鎮修復了被毀殿堂。

公元一九○○年，八國聯軍侵入北京，慈禧太后和光緒皇帝名為「西狩」，實則西逃。在西安避難期間，八仙庵就是他們活動的重要場所之一。當時，他們駐蹕於八仙庵西花園內，又是接見方丈，又是拈香祈禱，做畫做詩。據傳，慈禧太后畫牡丹的造詣很深，不但畫美，題詩也頗為別緻：

■八仙宮內古老的山門

國色從來比西子，

天香原不借東風。

可惜這幅牡丹早已丟失，今人難以一飽眼福。

此外，在避難期間，慈禧太后賜額「玉清至道」，光緒御書「寶篆仙傳」匾額。慈禧太后還封八仙庵方丈李宗陽為「玉冠紫袍真人」，並賞白銀千兩，命其「敕建萬壽八仙宮」。

李宗陽（公元一八六○年至一九三九年），號摶虛道人，清末時西安萬壽八仙宮住持。河南濟源人。早年讀書，精通詩文，主攻書法，未成年時便

在南陽臥龍崗武侯祠出家，研讀道教經典並學習醫術十年之久，其間曾在陝西華山修道。光緒帝封他為「大德禪師」之號，題「寶篆仙傳」匾額。

■「敕建萬壽八仙宮」匾額

萬壽八仙宮修繕竣工後，慈禧太后敕名為「西安東關清門萬壽八仙宮」匾額，懸掛在八仙庵前門額之上。從此，八仙宮之名便沿襲了下來。

相傳，慈禧當時曾賜道士御棍兩挺，後因道士狐假虎威，被陝西布政使樊增祥申飭停用。

八仙宮自宋代創建以來，歷經重修、擴建，在清代時格局日趨完整，建築日益壯觀。

清代以前的主要建築如牌坊、山門、靈官殿、八仙殿和斗姆殿，在經過清代擴建後，成為了萬壽八仙宮總體布局的中庭部分。

　　清代時期，在萬壽八仙宮創建的主要建築除東西跨院外，還增建了西花園等。東跨院主要建築有呂祖殿、藥王殿和太白殿。西跨院有邱祖殿和雲隱堂等。

　　呂祖殿內有呂祖洞。洞內供奉道教北五祖之一的呂純陽祖師像。洞門由薄紗簾子半遮掩。殿內牆壁上畫有呂洞賓成道演化故事的精美壁畫。洞兩邊有楹聯為：

■八仙宮的呂祖殿

　　漢陽黃鶴隨雲駐；

　　函谷青牛望氣來。

　　每月農曆初一、十五日及四月十四日呂祖誕辰時，呂祖殿內香客滿堂，香火旺盛。

　　藥王殿為三開間硬山式建築。殿內供奉藥王孫思邈真人塑像。殿門兩邊的楹聯是：

　　道通天地術通聖；

儒中隱逸醫中真。

藥王殿內奉祀藥王孫思邈像。孫思邈是唐代著名道士，也是醫學家。他精通老莊百家之學，精醫術，長期居住終南山，為人醫病，著有《千金要方》、《千金翼方》、《攝生論》、《福壽論》和《保生銘》等，後人尊其為「藥王」。

終南山又名太乙山、地肺山、中南山、周南山，簡稱為南山，是秦嶺山脈的一段。西起寶雞市眉縣、東至西安市藍田縣，其主峰在西安長安區，素有「仙都」、「洞天之冠」和「天下第一福地」的美稱。對聯「福如東海長流水，壽比南山不老松」中的南山指的就是此山。

■唐王李世民（公元五九九年至六四九年），唐朝第二位皇帝，名字取意「濟世安民」，隴西成紀人，廟號太宗，諡號文武大聖大廣孝皇帝，在位二十三年，享年五十歲。他不僅是著名的政治家、軍事家，還是一位書法家和詩人。在位期間，他開創了著名的貞觀之治，為後來唐朝全盛時期的開元盛世奠定了重要基礎。

　　藥王殿牆壁上左右各有一壁碑，右為《孫思邈傳》，左為《孫思邈贊》。其中，《孫思邈贊》為唐王李世民稱讚北周時期的藥王孫思邈所題之詩：

■太白殿內的太白金星

　　鑿開經路，名魁大醫。

　　羽翼三聖，調和四時。

　　降龍伏虎，極表救危。

　　巍巍堂堂，百代宗師。

　　太白殿為三開間硬山式建築。太白殿供奉太白金星像。太白金星是道教神仙中知名度最高的神之一，在普通百姓中的影響很大。傳說，他是一位白髮蒼蒼、表情慈祥的老人，他忠厚善良，主要職務是玉皇大帝的特使，負責傳達各種命令，因而受到人們的喜愛。

八仙宮內的文物銅鼎

在中國本土宗教道教中，太白金星可謂是核心成員之一，論地位他僅居於道教中傳說的三清仙境的太上老君，元始天尊和靈寶天尊三位尊神之下。

最初道教的太白金星神是位穿著黃色裙子，戴著雞冠，演奏琵琶的女神，明朝以後形象變化為一位童顏鶴髮的老神仙，經常奉玉皇大帝之命監察人間善惡，被稱為西方巡使。

在太白殿殿門上有楹聯一副：

誠則金石可穿；

驕惰則義必敗。

邱祖殿為三開間建築。殿內供奉全真祖師丘處機像，懸掛著一幅邱祖即邱長春的巨幅畫像，畫像左邊掛有《邱祖青天歌》，右邊掛有《邱長春真人

事實》兩幅長條幅，還題有兩副對聯，其中一副為：

　　萬古長生不用餐霞求祕訣；

　　一言止殺始知濟世有奇功。

　　在邱祖殿殿門中央懸掛有慈禧皇太后親筆書寫的「玉清至道」的匾額。

　　雲隱堂位於邱祖殿的前西側，是專供萬壽八仙宮重要執事退修後休息的地方，共有三間堂屋，堂門兩邊的門柱上有一副對聯：

　　此地饒千秋風月；

　　偶來做半日神仙。

　　西花園為道士清修之所，院內花木叢生，環境幽雅，並建有功德祠。另外，萬壽八仙宮宮內還建有方丈室、監院室及道士住室等建築。

■八仙宮的西側門

　　萬壽八仙宮集宗教、文化和旅遊於一體，歷史悠久，盛名遠播。它以其優雅的環境和豐富多彩的文化生活迎接著八方來客，成為中國道教徒嚮往的聖地和全國道教重點宮觀之一。

　　一年四季，萬壽八仙宮的香客遊人都很多。尤其每逢農曆四月十五，廟會更是盛況空前，形成一年一度的熱鬧的廟會。

　　每年農曆九月初九，既是重陽節，又是斗姆元君聖誕日和祖天師飛昇日，可謂道教的重要節日。每逢此時，萬壽八仙宮都舉行盛大的道場，有的善男信女在初八晚上即趕到這裡。

重陽節為農曆九月初九。儒家四書六經之一《易經》中把「九」定為陽數，九月初九，兩九相重，故而叫重陽，也叫重九。重陽節早在戰國時期就已經形成，到了唐代，重陽被正式定為民間的節日，此後歷朝歷代沿襲至今。

初九清晨鼓聲拉開了宗教活動的序幕，但見殿堂燈火通明，經師們手執法器，身著刺繡精美的法衣，在高功帶領下吟誦經典，祈禱國泰民安。信徒們燒香磕頭，祈求四季平安。有的信徒還為八仙披上全套新裝以示祝願。

【閱讀連結】

張良是漢高祖劉邦的主要謀臣，此人能決勝千里外。但他在輔佐劉邦成就帝業後激流勇退，在陝西留壩縣紫經山隱身修行。後人因仰慕他「功成不居」的高風，遂在此建「張良廟」以奉祠。

清道光年間，張良廟道眾因受地方惡霸欺凌，向八仙庵求助，願將其廟做八仙庵下院。八仙庵知客任永真隻身前往，歷經艱辛，終由官府懲治了惡霸，廟產得以保全和擴大，並闢為中國的第三大十方叢林。

國家圖書館出版品預行編目（CIP）資料

道觀傑作：道教的十大著名宮觀 / 方士華 編著 . -- 第一版 .
-- 臺北市：崧燁文化，2019.12
　　面；　公分
POD 版

ISBN 978-986-516-165-1（平裝）

1. 道觀 2. 中國

237　　　　　　　　　　　　　　　　　　108018734

書　　名：道觀傑作：道教的十大著名宮觀
作　　者：方士華 編著
發 行 人：黃振庭
出 版 者：崧燁文化事業有限公司
發 行 者：崧燁文化事業有限公司
E - m a i l：sonbookservice@gmail.com
粉 絲 頁：　　　　　　網 址：
地　　址：台北市中正區重慶南路一段六十一號八樓 815 室
8F.-815, No.61, Sec. 1, Chongqing S. Rd., Zhongzheng
Dist., Taipei City 100, Taiwan (R.O.C.)
電　　話：(02)2370-3310 傳　真：(02) 2388-1990
總 經 銷：紅螞蟻圖書有限公司
地　　址：台北市內湖區舊宗路二段 121 巷 19 號
電　　話:02-2795-3656 傳真 :02-2795-4100　　網址：
印　　刷：京峯彩色印刷有限公司（京峰數位）

定　　價：299 元
發行日期：2019 年 12 月第一版
◎ 本書以 POD 印製發行